Evolutionary Psychology:
A Beginner's Guide

进化心理学
从猿到人的心灵演化之路

【英】Robin Dunbar　Louise Barrett　John Lycett　著
万美婷　译

中国轻工业出版社

图书在版编目（CIP）数据

进化心理学：从猿到人的心灵演化之路／（英）罗宾·邓巴（Robin Dunbar）等著；万美婷译. —北京：中国轻工业出版社，2017.2（2022.6重印）

ISBN 978-7-5184-1206-8

Ⅰ.①进… Ⅱ.①罗… ②万… Ⅲ.①心理进化论-研究 Ⅳ.①B84

中国版本图书馆CIP数据核字（2017）第001123号

版权声明

Copyright © Robin Dunbar, Louise Barrett and John Lycett, 2005

This translation of EVOLUTIONARY PSYCHOLOGY: A Beginner's Guide is published by China Light Industry Press Ltd. / Beijing Multi-Million New Era Culture & Media Co. Ltd., by arrangement with Oneworld Publications through Bardon Chinese Media Agency.

总 策 划：石　铁
策划编辑：孙蔚雯　　　　　责任终审：杜文勇
责任编辑：孙蔚雯　　　　　责任监印：刘志颖

出版发行：中国轻工业出版社（北京东长安街6号，邮编：100740）
印　　刷：三河市鑫金马印装有限公司
经　　销：各地新华书店
版　　次：2022年6月第1版第3次印刷
开　　本：710×1000　1/16　印张：11.25
字　　数：125千字
书　　号：ISBN 978-7-5184-1206-8　定价：36.00元
著作权合同登记 图字：01-2016-9416
读者热线：010-65181109，65262933
发行电话：010-85119832　传真：010-85113293
网　　址：http://www.chlip.com.cn　http://www.wqedu.com
电子信箱：1012305542@qq.com
如发现图书残缺请与我社联系调换

161307Y2X101ZYW

译者序

在接触心理学将近10年的时间里,我经常听人们说他们认为心理学是一门神秘的学科,甚至有人听到"心理"二字就感到邪乎。事实上,身为人类,我们有时候并不太能理解人类这一物种的一些特质和行为表现。人心之所以难以捉摸,其实只是因为我们没有站在合适的角度来看待。

将人类回归动物水平,从宏观的进化视角来分析人类的心理,一切就会变得容易理解了。比如,让社会学家伤透脑筋的"杀婴现象",如果从进化的角度来看,这件众人眼里十分"邪恶"事情似乎就不那么不可理解了;又比如,当今社会热议的婚姻话题——"没房+没车=没媳妇"、"女孩为相亲整形",以及其他种种看似可笑或残忍的社会现象,其实可找到进化理论的根据。这些不能被人理解或接受的现象其实是进化的结果(或进化过程中的一个部分),也就是无可避免的"人性"。

得知这个结果,你无奈吗?你懊恼吗?你的道德感在蠢蠢欲动吗?现在你所有的感觉也都是进化的产物。我想到了黑格尔的一句话——"存在即合理",或许进化就是人类心理存在的"理"吧。

这里又不得不提及达尔文的伟大,纵然他的理论因时代的制约有着各种缺陷,但他为我们提供的进化视角不仅在过去解决了许多生物学难题,在近20年来又为心理学开辟了新的疆土,让我们能够从一个更开阔的角度审视更完整的自己。

翻开本书的目录,逐条阅读每一章的大标题,你会发现,其内容与任何一本"普通心理学"教材的主题基本相同。或许可以这么认为,我们时常耳闻的心理学分支——也就是普通心理学教材里会介绍的内容,比如发展心理学、认知心理学、临床心理学等,是从微观的角度来研究人类的心理,探讨的是人类心理的"近因",解释的是人类行为的"How(怎样)";而进化心理学则是从宏观的角度来研究，探讨的是人类心理的"远因"，解释了人类行为的"Why（为什么）"。因此，要充分地了解人类心理，从进化的角度去分析人类行为是必不可少的，这也是为什么在心理学成为一门科学之后，经历了100多年的发展，进化分析在心理学研究中越来越受到重视的原因。科学家不仅要拿放大镜去钻研，还要拿望远镜去探索。

然而，我国心理学界对"进化心理学"还相对地陌生，开设相关课程的系所少之又少，但从这本书的出版也能看出，国内已经渐渐开始关注这门学科了。

这里要感谢"万千心理"，选取本书在国内翻译出版，让更多的人能接触到这个领域。Dunbar等人的这本《进化心理学》并不像我们认知中的教材那样充斥着各式各样的理论、满满的数据、堆积的结果，而更似一本轻松简单但又不失专业的课外读物，书中利用许多例子阐述人类心理的进化过程或进化结果，易读性非常强，十分适合初学者。希望有一天，中国能有更多的人投身于这个领域的研究，这也是我当初十分乐意翻译这本书时所怀着的小小愿望。

在此，我要为自己能有幸翻译本书向出版社表达诚挚的谢意。也要感谢我的导师苏彦捷教授，她在我的求学道路上给予了我重要且深刻的指导和帮助。还要谢谢我的师姐张真博士，她为我的译稿提出一些指正和建议。最后，由于本人的学术能力和语言水平有限，若是译文中有不妥之处，望请海涵，并请批评指正。

目 录

第 一 章 我们为何需要进化 …………………………………… 001
  达尔文和心理学 ……………………………………………… 001
  遗传决定论：进化的红鲱鱼 ………………………………… 003
  达尔文、基因和行为 ………………………………………… 004
  解开谜网 ……………………………………………………… 007
  小结 …………………………………………………………… 010

第 二 章 进化为我们做了什么 ………………………………… 011
  达尔文和自然选择 …………………………………………… 011
  自私基因简码 ………………………………………………… 013
  利他主义和基因视角 ………………………………………… 015
  基因的视角是否过于狭隘 …………………………………… 016
  生态位构建理论 ……………………………………………… 020
  人类的革命 …………………………………………………… 022
  现代心智的起源 ……………………………………………… 025
  小结 …………………………………………………………… 027

第 三 章 基因、发展和本能 …………………………………… 029
  拆散那不可分割的 …………………………………………… 030
  交互作用论的烹饪之旅 ……………………………………… 031
  发展和印刻 …………………………………………………… 033
  本能的小集合 ………………………………………………… 035
  妈妈语和社会性微笑 ………………………………………… 036

　　　　语言的悖论 …………………………………………… 039
　　　　小结 ……………………………………………………… 042

第 四 章　我们是如何成为人类的 …………………………… 043
　　　　婴儿如何了解世界 …………………………………… 043
　　　　通过我们的眼睛 ……………………………………… 046
　　　　文化棘轮 ……………………………………………… 049
　　　　妈妈总是对的 ………………………………………… 051
　　　　让我们来假装 ………………………………………… 052
　　　　读心 …………………………………………………… 053
　　　　小结 …………………………………………………… 056

第 五 章　配偶选择 …………………………………………… 057
　　　　古生物学上的约束 …………………………………… 057
　　　　有色眼镜下的世界 …………………………………… 059
　　　　开盘下注 ……………………………………………… 061
　　　　真实人生的逆境 ……………………………………… 062
　　　　诚实的信号 …………………………………………… 063
　　　　隐秘的线索 …………………………………………… 068
　　　　小结 …………………………………………………… 070

第 六 章　为人父母的抉择 …………………………………… 071
　　　　繁殖成本 ……………………………………………… 071
　　　　一个进化论的悖论 …………………………………… 073
　　　　当男孩和女孩不平等的时候 ………………………… 077
　　　　天生反叛 ……………………………………………… 080
　　　　小结 …………………………………………………… 083

第七章　频繁的社交活动 ·············· 085
灵长类的社会 ·············· 085
社会化大脑 ·············· 087
完全社会化的心理能力 ·············· 090
亲密关系的圆环 ·············· 091
信任和互惠 ·············· 094
迪肯悖论和搭便车的人 ·············· 096
小结 ·············· 098

第八章　语言和文化 ·············· 099
人类的独特性 ·············· 099
语言是如何且为何进化的 ·············· 102
语言何时进化而来 ·············· 104
达尔文、基因和文化 ·············· 106
意向性、语言和文化 ·············· 110
小结 ·············· 112

第九章　人类的独特性 ·············· 113
文化进化的过程 ·············· 114
从众偏差和文化变迁 ·············· 116
从模型到真实世界 ·············· 118
文化进化及其功能性结果 ·············· 119
中性选择之下的文化进化 ·············· 120
当模因变质时 ·············· 122
小结 ·············· 124

第十章　虚拟世界 ·············· 127
宗教的本质 ·············· 127

宗教、仪式和大脑 …………………………………… 130
　　说故事的艺术 ……………………………………… 132
　　共有世界观的作用 ………………………………… 134
　　张开想象的翅膀 …………………………………… 137
　　宗教从何时演变而来 ……………………………… 139
　　小结 ………………………………………………… 140

第十一章　道德科学 ……………………………………… 141
　　自然主义谬误 ……………………………………… 141
　　搭便车和社会契约 ………………………………… 143
　　进化的心理防火墙 ………………………………… 144
　　进化出一个伦理意识 ……………………………… 147
　　强烈的互惠和亲社会"本能" ……………………… 149
　　社会根植性 ………………………………………… 152
　　小结 ………………………………………………… 155

术语表 ……………………………………………………… 157

参考文献 …………………………………………………… 161

第一章

我们为何需要进化

1859年正值英国的维多利亚时期，达尔文于该年发表了他的《物种起源》(*On the Origins of Species*) 一书，引发了一场影响当地乃至全世界思想观的巨大冲击波。该书中一个隐含的推论（尽管这不是达尔文自己的主张）吸引了众多的目光，即揭示了我们人类实际是动物王国中的成员，我们是属于灵长目的，与所有猴和猿同属一个类别。而过去的十几年里，我们在证明这样的观点上比达尔文时期又更迈进了一大步，遗传的证据有力地表明我们并不是猴和猿的远亲，我们根本就是猿类家族中黑猩猩的兄弟姊妹。

达尔文和心理学

尽管达尔文的**自然选择**（natural selection）理论在科学史上掀起了一场革命，但现在看来并不是因为关于物种如何起源的理论才使他达到今天的地位。回顾自《物种起源》发表以来的150年思想发展史，我们可以看到，达尔文随后发表的著作越来越具有重要的价值，比如在《人类的起源》(*The Descent of Man*) 中，他探讨性选择和繁殖行为的问题；又如在《人类和动物的情感表达》(*The Expression of the Emotions in Man and Animals*) 中，他涉及当时尚在萌芽期的心理学领域。达尔文在行为领域的探索一直到《人类的起源》发表了一个多世纪之后才开始受到重视，他的性选择理论强调配偶选择的过程，这个理论在当时并不如今天在进化生物学领域这般占据重要位置。即便如此，他对情绪的研究工作也始终吸引着人们的注意。这两本书都是非常有预见性的,达尔文所触及的这些问题为我们理解人类的行为和心理打下了深厚的基础。

过去的30年,我们对动物行为及其进化组成的理解有了爆炸性的进展,理论本身越来越精细,并且以数学模型、对动物行为的大量观察和实验研究作为理论基础,如今这样飞跃式的发展一定能让达尔文本人激动不已。而实际上,这样的理论思想结合实际数据的科学方法正是源自于达尔文的智慧,众所周知的比较研究方法也一直作为进化分析的方法学基础,并且沿用至今。

对非人动物的研究到20世纪70年代时已经有了飞速的发展,但是要将这些理论应用在人类行为和心理学领域中,还需要更多时间才能有一定的突破。一部分生物学家开始将研究的触角伸向与人类相关的方面,可是一些社会学家从20世纪初开始就一直不愿接受用进化和生物学的观点来解释人类行为。尽管如此,20世纪80年代后期,进化的观点开始被真正应用于人类行为和心理学的研究之中。可是这些研究也仅仅能在专业期刊中发表,而本书则想尝试采用大众读者更能接受的方式,来讲述这个领域中众多杰出的研究。

在此之前,我们需要厘清人类行为中哪些可以用进化分析解释,哪些不行。进化分析的重要性在于它能为我们提供清晰的理论框架,让我们能够提出一系列关于行为反应和心理机制的精细假设,并且严格地通过量化的方法来检验。

我们可以从地质时间(系统发生原因)和个体生命周期(个体发生原因)来对一个特质(trait)的历史和发展提出疑问,还可以测定一个行为如何提高个体的存活率和繁殖力(功能性原因或远因[①]),并且去确定各种可以激发特定行为反应的因素(动机性原因或近因[②])。在1973年因对动物行为的研究而获得诺贝尔奖的尼古拉斯·廷伯根(Nikolaas Tinbergen)指出,上述问题尽管看起来是不同的,在本质上却相同,即为什么动物会表现出特定的特征?而各自的答案则反映出不同层面的进化解释。上述这四个层面的"为什么"都是同等重要的,而且一定不要混淆了不同层面的解释,比如想

[①] ultimate cause,造成当前行为发生的终极原因,一般从进化的角度来归因。——译者注
[②] proximate cause,造成当前行为发生的直接原因。——译者注

要得到近因却从行为功能方面去找解答。如果想要更好地区分这些问题则可以使用著名的"廷伯根的四个为什么"[1]来寻找答案。

通过谨慎地理解问题以及找到符合相应层面的答案，我们就可以确认某一行为是不是自然选择进程中的产物；是不是当其他特征被选择时而形成的副产品；是不是早先为了其他目的被选择出来，但随着进化的发展又扮演了新的角色（也称"联适应"）；又或者它们是否根本就没有任何进化的功能性。换句话说，进化分析的目的在于去理解特征能给有机体所带来的好处，以及是如何与其他特征共同作用的（比如有着更大脑容量的动物意味着它们的性成熟期更长），还能理解一个物种的进化史是如何约束各种可能的适应性的。

遗传决定论：进化的红鲱鱼[2]

在遗传决定所有行为或者我们的命运由基因决定的观点之下，进化分析没有了用武之地。遗传决定论的观点困扰着很多人，主要是社会学家，而且一些生物学家也开始受其影响。许多针对人类行为的进化分析的批评似乎是基于一个理念：关于行为的进化解释必然暗含着遗传决定行为的内容。表面看来，这是一个合理的结论，毕竟大多数关于行为进化的讨论总离不开"决定行为的基因"这句话。此外，某一特定行为的成功与否也总是用它的适宜度（用于群体遗传学的术语，指的是将特定的基因传递到后代的相对能力）来衡量。

因此，任何与进化有关的讨论似乎都直指遗传，这种逻辑上的争论看似不可避免。可是，我们必须提出一个最根本的问题：这种争论对行为进化的研究有帮助吗？答案是：没有。对行为提出进化解释和根据行为遗传决定论提供解释是两个有天壤之别的概念。原因主要有两点。首先，没有一个已知的生命（也许诸如病毒或细菌的单细胞生物例外）显示出，它们的行为完全

---

[1] 廷伯根的四个为什么的四个层面分别是：功能（适应性）、系统发生（进化）、因果关系（机制）、发展（个体发生），又被分为两类问题，即"如何"和"为何"："如何"包含的是因果关系和发展；"为何"包含的是功能和进化。——译者注

[2] 在逻辑学上，红鲱鱼是一种转移焦点的谬误。——译者注

由遗传决定。行为本身非常复杂，不可能由单一的基因来决定。更重要的是，如果行为真的完全由遗传决定，那就代表着行为应该总是按照相同的方式发展，并且各种环境因素都不会对其造成影响。这将会导致行为完全不可改变，完全不可塑造，也就是有机体不论在何种环境下总是按照同样的方式做出行为反应。遗传决定论或许能对物种快速灭绝的历史难题做出最好的解答，但是它在复杂多变的真实世界里则可能起不了多大的作用。

脊椎动物发展出较大的脑容量，能让它们时刻调整自己的行为去适应环境。而控制脑容量大小的基因是通过进化被选择出来的，这使有机体本身脱离了由基因所驱策的生活。可令人讽刺的是，正是由于对基因决定论的恐惧，或是说对丧失自由意志的恐惧，我们的基因把我们从决定论的框架里解放了出来。

用来理解行为的进化分析绝不只是要去确定基因和行为之间的单一因果联系。造成这样的误解往往是由于在进化分析的系统中确实需要一些关于基因的解释，因此我们通常会凭空想象出一些基因作为我们思考的重点。这些基因仅仅是一种工具，能让我们以更简单的方式去思考与进化解释有关的问题。当然这并不是说不存在特殊的基因，只是基因是否存在的问题需要发育生物学家通过充分的实证去回答，而不是由进化心理学家来解答。

其次，行为的进化研究实际上不只与决定行为的基因有关，尽管我们有时也会认为发出行为的能力必然受到基因的控制。重要的是，进化分析关注对行为的策略性分析：为什么个体通过这种方式做出了行为表现？又或者行为的发生能给个体带来什么作用？从策略性的视角来看，无须去推敲行为究竟由何决定的相关假设，只需要探讨个体如何根据进化上的考虑选择出最适宜的行为（也就是使行为对后代基因库的贡献最大化）。

达尔文、基因和行为

关于行为研究的进化分析需要澄清四个要点：

第一，进化分析的解释看起来似乎表示动物能够有意识地决定未来的遗传方向。但事实上，没有一个有机体可以做到，即使是人类也不能。确切地说，这样的解释不对行为的形成做任何的假定：行为可以是完全受遗传驱策和不经思考的，也可以完全是习得的和深思熟虑的，或者是位于两者之间的任意位置。哪一个假定是正确的？这是一个很有趣的经验主义问题。但是思索动物是否会有意识地表现出策略性行为，又或者是否会运用进化的思维来做出行为表现，并没有任何意义。

第二，当有机体的行为表现能够提高后代数量时则会被认为是具有高适宜度的行为，但这并不意味着行为的实际目的就是为了使适宜度最大化。生活在巴塔哥尼亚地区的阿车族（Ache）猎人活着可能只是为了捕猎一只貘，也可能只是为了将自己的孩子嫁出去，然后在婚礼上跳舞。这些行为的适宜度要在很久之后才会表现出来，所以我们没有理由去要求人类，甚至动物，去表现能够提升适宜度（留下更多后代）的行为，尽管这些行为最终能提升适宜度。对当前目的的实现可以产生提升适宜度的效果，但不代表两者之间一定有着直接的联系。以当前目的作为媒介，行为和其最终的适宜度结果之间的联系让我们可以通过关注短期的直接结果（比如猎人最大程度地摄取能量，繁殖个体最大程度地提高后代数量）去探究有机体行为的形成，从而假定对当前问题有效的解决方式是能最终带来更高适宜度的。这样的方法在行为生态学中被称为**表型策略**（phenotypic gambit）。

第三，假设有机体所有的行为表现都是为了提升基因适宜度而形成的，这样的观点是具有启发性的，而不是根据事实得来的推测。它能给我们提供精准的预测结果，而且这个结果能经受实证的考验。相反地，对遗传决定论的批评指出，该理论重点关注于允许行为产生的机制，实际上就是指能制造出生理硬件的基础。因此遗传决定论是一个关于行为如何发生的问题，而不是关于行为为何发生的问题，这是两个完全不同的视角。

第四，进化的解释是具有统计意义的。也许反对一个进化解释的最普遍的说法是："嗯，我的孩子没有这样做！"但是，例外事件不符合统计的规则。如果要证明你的说法，你必须出示在一般情况下孩子都不会这样做的证据。但若每个人都表现相同的行为，那么就不会有进化的发生，所以进化解释的统计本质是至关重要的。有机体必须时刻侦测自身所处的环境是物理世界还是社会世界，以确认自己的行为表现是不是进化进程上的最佳方式。然而，一些个体通常会不可避免地做出错误的表现，这种尝试错误的学习反而能产生更好的解决方法。这样的方法会渐渐被散播出去，采用这种方法的人们就能更成功地繁衍下去。但是即使如此，这个方法也永远不会被人群中的所有人采纳，因为人们还会不断试验出更新的方法，并一直这样循环下去。

简而言之，这种争论混淆了人们可能会对世界产生疑惑的两个完全不同的问题，即事件为何会发生以及是如何发生的。这种混淆的出现可能是因为"基因"这两个字总是出现在这两个问题的解释里：一个关注的是基因是产生行为的原因（或者说是行为表现的能力），另一个关注的是基因是行为的结果（也就是说特定的行为表现会对后代的遗传结构起一定的作用）。尽管进化生物学家能清晰地分辨这两者的概念，但是不熟悉这个领域的人们还是容易混淆。

尽管这两个过程有着必然的联系，但是在任何情况下，同一组基因不可能既是原因又是结果。在哺乳类或者鸟类这样脑容量较大的生物之中，通常因为其大脑而造成进化环路的闭合。因为较大的脑容量使它们能采用更灵活的行为策略，使它们能在当前的环境之下调整自己的行为，以把它们能获得的配偶数量最大化，从而使子代的数量提升至最大。这个过程之中能够代代相传并且使进化和行为都成为可能的东西就是那些能够形成巨大容量大脑的基因，但是这些编码大脑容量的基因不能决定由大脑引发出的行为（如交配行为），它们仅仅能决定可以做出灵活决策的能力，而这样灵活的决策能使有机体更好地适应当前环境。

最后，值得牢记的是，当达尔文提出自然选择理论的时候，他对基因的概念一无所知。事实上，他的理论内含有许多不恰当的遗传机制，也因此而饱受批评。一直到他过世之后，因为后人重新发现了孟德尔（Gregor Mendel）的遗传定律，达尔文的自然选择进化理论最终获得重视。

在达尔文壮大自己的重大理论的同时，布尔诺（位于现在的捷克共和国）修道院的神父孟德尔也在发展着他的遗传理论，但是他的工作在他家乡之外的其他地方并没有得到广泛的关注（达尔文当时有孟德尔论文的复印稿，但是显然他没有发现其重要性）。这个能解开达尔文重大理论之门的钥匙在满是灰尘的昏暗的图书馆里躺了半个多世纪之久，直到一位遗传学家在20世纪初发现了它。现在，达尔文的自然选择进化理论和孟德尔的遗传定律已融合成为一个统一的理论。

但是，孟德尔同样不知道基因这个东西！对达尔文和孟德尔来说，遗传只是代表着亲子之间的"复制保真度"（fidelity of copying）。这就有个非常重要的隐义，即进化过程不需要依赖基因。任何可以联系起亲子之间关系的方面都具有成为达尔文式进化过程（Darwinian process）的能力。有机体一生中所学习并且传递给后代的东西同样可以经受自然选择的锤炼。非基因传承的发生和被选择是完全有可能的，而且同样具有进化意义。文化的过程因此也有着非常重要的进化影响力，尤其对我们人类的进化而言。换句话说，通过进化的观点来看，人类的行为也许根本不用提及基因。

解开谜网

在本书中，我们将着重于策略性的观点，每一环节都会提出人们在某些特定场合是如何做出行为表现的问题，然后我们会继续探讨在这些行为表现之下有着何种认知和生理机制在运作。我们还会尽可能地阐述行为的发展过程，致力于解决基因传承和学习是如何相互作用使行为产生的（但是我们目前能做的非常有限，因为我们对这样的过程几乎一无所知）。最后，我们会回答少数关于某个特殊现象的进化史的问题（尽管在大多数这样的例子里，我们能真正给出有用答案的例子是非常少的）。目前，我们还是重点着眼于对各种相关过程提出问题，并且指出各种可能性。

进化心理学通常被认为是心理学领域中用以代替传统方法的一门新学科，如同发展心理学、认知心理学或者社会心理学一样，但是这种想法实际上没有真正理解进化分析的确切作用。在生物学领域里，进化分析提供了一个统一的框架，让不同子学科（行为学、生态学、生理学、遗传学、解剖学、生物化学等）之间能彼此沟通。"廷伯根的四个为什么"清楚地说明了不同学科之间是如何相互关联的，并且让它们在不受混淆概念和无意义争论的干扰下彼此相互作用、相互影响。从我们的观点看来，进化心理学在心理学领域中也起到了这样的作用，它建立了一个理论框架，将不同的子学科联系起来。人们为什么做出如此行为表现，这样功能性的问题在生物学领域里是属于行为生态学的内容，而在心理学中则属于进化社会心理学的范畴。而认知心理学和发展心理学则能清楚地回答关于内在机制和个体发生这两个层面的为什么。

只有进化历史（系统发生）是传统心理学中没有涵盖的。尽管达尔文对心理的进化十分感兴趣，可是心理学家并不倾向于寻找这样的答案，而是把重点放在自己的兴趣上。但其实，心理学家应该对进化历史产生兴趣。这里就要提到，比较心理学总是提醒着心理学家，我们与其他动物，尤其是灵长类，在进化进程中共享着一段历史。试着理解我们人类是如何以及为何与非人动物不同的，这会是个非常有趣的心理学议题，而且知晓何时出现了这些不同也许能让我们更好地洞察人类的天性。

尽管比较心理学是进化心理学的一个重要分支，但我们将不会在本书中提及太多关于非人动物行为和心理的内容，因为如果包含所有的内容，则需更长的篇幅。由于几乎所有行为生态学理论的发展都要依靠对动物的研究，因此这样的研究仍然要持续地进行。而解决人类进化心理学中的功能性问题同样需要建立在大量的研究之上，研究出相同的基本原理能在多大程度上作为决定人类行为的基础，才能将那些从动物研究得来的理论应用在人类身上。

同样地，我们也几乎不会提及认知心理学中常见的内容，比如记忆、感知觉、思维等。这些方面最主要关注的是内在机制，即那些让我们和外界沟通的基石。虽然内在机制肯定也有其进化的来源，但我们关注的是决定行为表现的策略性功能，所以我们还是会更关心社会认知的层面，这个层面是一种更高级的认知机制，掌管着人类行为的核心——社会决策。

还有一处易于混淆的地方需要澄清。在过去的十几年里，那些想要将进化分析应用于人类行为上的人一直在争论该如何去做好这样的研究。其中，有着生物学背景（尤其是行为生态学背景）的人们总在强调行为是否适应生物学家所说的那种传统功能性（也就是一个特定的行为是能让有机体将自身适宜度最大化的结果），同时也强调着行为之间的个体差异及其功能性结果的分析。

相反地，有着心理学背景的人们倾向于关注行为的普适性。因此，他们把研究精力集中在产生行为的认知机制上，也可以说是人类心理的结构。他们观察的是认知神经的硬件，而不是那些经过自然选择得到的行为。他们坚定地认为用行为生态学方法来研究人类是不会有结果的，因为自从农业出现以来的1万年间，人类的基因库几乎没有什么改变，许多在石器时代产生的行为表现必将不适应当代的工业环境。他们还认为人类的心理会发展出处理**进化适应的环境**（environment of evolutionary adaptedness，简称EEA）中的各种状况的能力，所以我们祖先所处的时空会促使人们产生某些特定的能力。因此只有从背离史前时期的环境来看心理的演变，我们才可以认为它是一个适应性的产物。

然而，去分化这两种人为的区别几乎没有任何好处。人类和其他有着合适脑容量的物种一样，都能通过演变使自己应付变化的环境。在地球的历史长河中，陆地环境从来没有安定的时候，如果物种无法发展出变通的灵活的认知机制，就代表着它们为自己申请了一张灭绝许可证。许多脊椎动物都是足够聪明的，它们能够在当前环境的限制下调整自己的行为。当然，也不可否认，人类心理的某些方面可能不如其他物种更有灵活性。或许可以这样说，除非我们能证明某件事确实存在，否则我们不应该认为它的存在是理所应当的。

所以，与其参与到那些无意义且涣散人心的争论中，我们更希望尽自己最大的努力将两方面观点结合在一起。认知绝对是解释人类行为功能性的主要内容。尽管人类心理的结构毫无疑问是从某个特殊环境演变而来的，但是我们的心理和生理一样，都是长期进化历史的产物，因此进化适应环境是一个不易理解的概念，我们几乎不可能去确认某一特征出现于进化历史的哪一个阶段。

在之后的章节中，我们将提供证据来揭示现代人类行为的许多方面是具有进化功能适应性的，而且行为的可塑性和灵活的决策能力是其中的关键因素。同时，我们还会描述一些在多变的环境面前似乎不懂得妥协退让的行为表现。最后，我们将整合一个可以将所有学科都包含进来的方法，让人们能更好地理解用来解释人类行为方式的复杂网络。

小结

进化分析为我们研究人类的行为和心理提供了一个强有力的框架。并不是因为它带给了我们另一套有别于传统心理学分析的方法，而是因为它让我们通过达尔文的自然选择进化理论将两者整合起来。因此我们要谨记，进化分析并不意味着行为或者是作为行为基础的心理是由基因决定的。而且，学习本身是一个达尔文式的进化过程，提供了除传统基因遗传过程之外的其他可能的传承机制，这让我们能够拓宽自身研究的领域，包括覆盖了文化以及文化传承机制的方面。

第二章

进化为我们做了什么

在达尔文理论发展初期,人们认为动物会以有利于物种整体生存的方式做出行为。举例来说,母狮给狮群中非亲生的幼崽哺乳,这种行为就被认为是想要维持下一代的种群数量,从而避免物种绝灭。然而,关于自然选择理论最重要的一点是,它关注的是个体的生存,而不是物种的繁衍。即便个体的生存率必然影响着物种的永存性,但生存率本身不是繁衍(或者说进化)的目的。

个体之所以在进化过程中被选择,是因为他们为了自身的繁殖利益做出的行为,而物种的命运其实与个体的繁殖成败无关。如果自然选择过程如同达尔文所设想的那样,一定会是这样的情形:进化的整个过程基于个体之间的竞争,那些以牺牲自身的繁殖为代价来帮助物种或种群获益的个体很有可能无法留下太多的后代,而那些没有如此崇高精神、只顾自身利益的个体反而能留下更多后代。

达尔文和自然选择

关于自然选择的运作,达尔文是如何设想的呢?他对于进化过程中自然选择的重要性的观点不仅改变了自己的一生,并且直到今天,进化生物学家还在为相关的问题争论不休,毋庸置疑,达尔文改变了我们对自然世界的看法。

其实自然选择理论并非看起来的那么简单,它建立在三个前提及其逻辑推论的基础之上：

- **前提 1**：某一物种中的所有个体，在行为、外形和生理特征（如表型）上都表现得不尽相同，这就是大家熟知的**变异法则**。
- **前提 2**：个体之间的一部分变异是**可遗传**的，也就是指这些变异会被传递给下一代（或者简单地说，后代会更像自己的双亲，而不是群体中的其他个体），这就是**遗传法则**。
- **前提 3**：每当资源稀缺时，如缺乏食物、配偶和居住地，个体之间就会发生竞争，拥有某些特定变异的个体在竞争中会显得更有优势。竞争的发生是因为有机体具有在数量上急剧增长的能力，它们能够繁衍出来的后代数量远远超过了它们能够喂养的数量（想想青蛙产卵的例子）。而这就是**适应法则**。
- **推论**：一名有能力的竞争者往往会比其他个体留下更多的后代，因为其所拥有的特质总能为自己提供一些优势：能更成功地寻找到食物或配偶，能更有效地避免掠食者的威胁。这些个体的子代将会遗传到成功的特质，可以说"自然选择"就这样发生了。通过这样的过程，有机体将更适应其所处的环境。相对于特质的其他变异，这种随着特质传递给后代而带来的成功也被称为该特质的**适宜性**（fitness）。适宜性用来计量相对的繁殖成功率（也就是相对于同一特质的不同变异来说），严格来讲，适宜性是特质的特性。这个推论通常被认作**进化法则**。

通过描述一个进化演变得以实现的机制，使得规划出一个可验证的假设成为了可能，借这个假设可解释有机体的生理结构和行为。如果特质是一种适应的产物，那么它应该如假定的那样展现出其适应良好的证据：如果它持续将选择优势给予拥有这个特质的有机体，那么它就能帮助这些有机体提高生存和繁殖成功率。然而，无法拥有这样特质（或者只拥有该特质的较弱版本）的有机体，可能就无法提升自身的生存和繁殖成功率。

达尔文观点的第二个重要推论使得**群体选择**（group selection，进化是为了物种利益）成为一种对任何事物的进化都极端不可靠（尽管不是完全不可能）的解释。尽管如此，群体选择仍旧在公众的想象中占据着稳固的位置。可是生物学家通常没有意识到这一点。一直到20世纪60年代，群体选择这一概念才被深埋了，但是直至今天，进化生物学家要提及群体选择这个概念的时候，仍需十分谨慎。

自私基因简码

但在有些时候，个体层面的解释还太过粗糙，不利于理解进化的运作。这是因为，尽管自然选择会对个体的生存和繁殖成功率起一定的作用，可实际上随着时间的推进，发生改变的是群体基因库中的基因频率[①]。个体的存在其实是非常短暂的：不论他们的一生有多长，最终都是走向死亡；而基因才是在时间长河中维持和提供连续性的实体。

理查德·道金斯（Richard Dawkins）在其著作《自私的基因》(*The Selfish Gene*) 中强调了这些观点。如果我们采用基因的视角来看待世界，并且承认进化过程是由那些可以提高个体生存和繁殖成功率的基因而不是由那些减弱个体生存和繁殖成功率的基因决定的，那么我们就能更好地理解他在进化生物学上的观点。为了更清楚地说明这个观点，道金斯区分了"复制因子"（replicators）和"运载器"（vehicles）的概念，复制因子是指能够复制自己，并且跨越时间地将自身维持下去的东西（基因）；而运载器是复制因子自行构建的、能保护自己的实体（躯体），它能提高复制因子的繁殖能力，并留下尽可能多的子孙后代。

有许多人为了跟风提倡"基因决定论"，错误地滥用道金斯的理论，而这些人其实根本没有花时间去了解道金斯真正想表达的意思（Malik，2000）。当道金斯以这种方式谈及基因时，他并不是说基因会有意识地争取达到自己的目的，这只是一种谈及进化过程的简要方式，而理解这点是非常重要的。

[①] 特定基因在种群中所拥有的比例。——译者注

什么才是道金斯真正想表达的呢？他认为，比起拥有其他序列的基因所产生的特质却不能很好地适应特定环境的动物，那些拥有能够提高个体生存和繁殖能力特质的基因的动物更可能在后代的基因库中将它们的基因留存下来。如此一气呵成的一段话，让任何一个正常的生物学家在讨论进化问题的时候，都不会想要去反复推敲。道金斯提供了最精简的表达，而这种表达只需要两个名词。重要的是，当我们使用这两个名词时，必须将这段超长句子的含义谨记在心。

特定的基因促成了特定的行为，这不是重点，重点其实在于个体之间（不论是何物种）的遗传差异与各种行为差异存在着直接关联，从而导致某些个体有着更高的繁殖成功率。如第一章所述，这就是遗传适宜性被定义的方式。自然选择总是与个体间的相对差异有关，而不是选择哪个绝对个体。

我们同样需要记住的是，进化永远是一个妥协的过程。无数的选择压力在通过各种方式给个体施压，可能会形成一个并不总能完美解决问题的适应产物。有个很典型的例子，一个被设计来增加繁殖能力的适应产物往往妥协于那些提高存活率的设置。举例来说，雄性动物如果整天什么都不做，只忙着交配，则可以使他的适宜性最大化，但是如果他不花点时间喂饱自己，那么交配质量将会大大减低。一般而言，大多数生命体都是样样通，却样样松。从这个意义上说，有机体才是选择的单位，而不是单独的基因，因此自然选择是对整个有机体起作用，而不是独立作用于基因上。

我们还需要记住，其他的进化过程还可能塑造特质。一些特质的出现可能只是个历史的意外，比如种群数量突然变小，只有少数个体留下了后代，然后重新建立起新的种群。这种建群者效应（founder effects）使得一些特质在种群中有了牢固的地位，即便它们不能给个体贡献实际的好处，甚至可能对个体有害。与之相似，发育的束缚也可能导致特质不能直接被选择，而是造成对其他特质"顺应潮流"地选择的结果。

限于篇幅，不能详细介绍其他所有的进化机制，但只需一句话就足够概括：当我们尝试做出进化分析时，务必非常小心地排除所有可能的解释，才能将一个特质作为适应性产物。同样，我们也不能仅仅因为某些作为适应产物的事物的进化功能不那么显而易见,而不假思索地将它们排除在外。过早地下定论,认为一个现象没有适应功能,或者贸然地给出"它具有适应功能"的结论,都是同样错误的。

利他主义和基因视角

用基因中心观点来看待行为的人被认作某种程度的还原论者,他们试图把与行为同样复杂的事物看得更加简单化,比如基因。然而,当我们采取"基因视角"时,不代表行为就是由遗传决定的。如同我们在第一章中解释的那样,所有的行为都是基因和环境交互作用的结果,而且在下一章中,我们会更加详细地阐述这个方面,强调基因与环境的交互作用是理解有机体如何发展出行为的关键。

基因的视角很有理论价值,因为它为我们提供了一个方法,可以用来理解动物行为的某些方面,这些方面有让人迷惑的地方,而且看起来需要一个"一切为了物种好"的论点来支持,而这样的论点与达尔文的自然选择理论并不符。想想本章开篇提到的母狮:如果行为必须总是对个体有好处,而不是对物种有好处,为什么母狮要帮助喂养其他母亲的孩子,以促进别人基因的延续?这种为别人提供收益并且为此付出自身代价的行为被称作利他主义(altruism),这个词的意思就是"不自私"。达尔文在发展自然选择理论时也十分困惑,他不知该如何解释这样的行为。

这个问题直到1964年才得到解决。当时一位年轻的研究生W.D. Hamilton指出,如果个体从利他者的行为中获益,那么利他行为就会延续下去。由于近亲分享着一些共有的基因:一对兄弟共享着大约50%的基因,而一对表兄弟从相同祖先(各自的父母或者祖父母)那里传承而来的基因中共享的比例为12.5%。如果一只母狮拥有一组基因,没有孩子的它若是帮助抚养自己姐妹的孩子,这组基因还是有很大的机会传递下去的。这是因为,它的姐妹有50%的可能传承了同样的一组基因,然后再将之传递给自己的孩子。正如进化所关心的,基因在谁的身体里不重要,重要的是它们能传递下去。

因此，母狮之所以会喂养种群中其他个体的孩子，是因为它们都是姐妹。并不是它们不自私，事实上，它们帮助他人也只是为了自己——或者更确切地说，是为了自己的基因。这种帮助自己的亲属提升生存和繁殖成功率的过程就是众所周知的**亲缘选择**（kin selection）。

然而，利他行为同样也可能发生在非亲属的动物之间，这就表明，亲缘选择不能解释所有利他现象。美国的进化生物学家 Robert Trivers 对这种条件下的合作行为提供了另一种解释。Trivers 认为，如果动物能保证在获得恩惠之后有所回馈，那么帮助非亲属个体还是很有益处的。这样的话，利益就可以收支平衡。很显然，这种合作要能实现，不仅需要与对方在多个场合中交手（这样，利益才能平等交换），还需要识别对方。

这个过程就是**互惠利他**（reciprocal altruism），相较于亲缘选择，互惠利他较不常见。这是因为当通过这种方式交换利益时，在动物付出代价和得到回报之间会有一个时间差，这就容易使对方做出"得了好处却不回报"的诈欺之举。如果互惠这么不可靠，那么动物在最初的遗传偏好里就不会存在合作行为，利益的交换也因此根本不会出现。所以，相较于亲缘选择，基于互惠利他的行为更难出现。

关于利他主义或者合作还有第三个进化解释，即**互利共生**（mutualism），指的是两个及两个以上动物通过合作完成一个能使它们同时获益的目标。合作捕猎就是一个例子：两个动物合作围猎比单兵作战更有可能杀死体积较大的猎物。比如，相互合作的狮群能够捕到斑马或水牛，但是独自狩猎通常只能捉到羚羊。羚羊的体积比斑马和水牛小多了。

基因的视角是否过于狭隘

亲缘选择、互惠利他以及互利共生的机制成为大多数对利他主义的进化解释的基础，认为利他主义是发生在比个体更高的任一层面的自然选择的结果，这个观念是较为异类的说法。然而进化生物学家 David Sloan Wilson 并不这么想，他和哲学家 Eliot Sober 指出，群体选择确实不太可能发生，但并不意味着选择绝对不可能发生在群体的层面上。

一个引人注意的例子是，在我们的身体之中，基因不会具有侵略性地与其他基因竞争染色体的位置，而是在集体复制和传递时与其他基因通力合作。同样地，我们身上有着许多和睦相处的细胞形态：细胞不会表现出绝对的自私，不会以耗费其他个体为成本来复制自己，因为这样会把自身的载体推向危险的境地（这种形式的细胞增生就是我们经常提到的癌症，对身体有着明显不利的影响）。因此，身体的细胞会很谨慎，它们支配着复制过程，并为了整个有机体的利益而相互合作。

在细胞层面上，基于群体（也就是组成个体的一组细胞）的选择能够形成一个功能化的载体，更加有效地将基因传递到下一代，而一群单打独斗的自私细胞则无法做到。Sober 和 Wilson 指出，在某些条件下，动物种群可以起到选择载体的作用，动物组成了这个群体，发展出能够提升群体存活率的特质，但需要其他群体或者个体付出一定代价。

有一个决定性的重要条件需要介绍。不同群体的个体之间必然存在着竞争，群体内部的个体也同样相互竞争着。在这两种情况中，我们都面临着个体之间的竞争，这也是自然选择理论所要求的，而差异就在于竞争所发生的层面。在群体内部，个体就是自身传递的载体，与对手进行着赤裸裸的、自私的竞争。而在群体之间，一个群体内部的成员会联合起来，共同抵御由另一个群体成员组成的队伍所发起的战争。针对这种情况，Sober 和 Wilson 认为，可以把群体当作自然选择的载体，有了这样的前提条件，那些能提升群体竞争力（增强适宜性）的成员所具有的特质就会被选择出来，即便这些特质可能会降低群体内部某些成员的适宜性。所以，尽管自私的个体能比利他的个体拥有更多的后代，但是从总体上来说，拥有较多利他成员的群体能比拥有较多自私成员的群体繁衍更多的后代（由于利他成员会让群体获益），所以在整个种群中，利他者的总数将会保持在稳定的水平。

上述观点若要实现，有一点是至关重要的，即群体间是互相竞争的，但不是孤立的，每个群体都生活在自己的生态环境中。如果不是以"提供群体好处"作为补偿的话，利他个体就会被自私个体狠狠地剥削，然后自然选择就会很快地淘汰所有的利他者，利他个体对那些层层剥削自己的个体也无可奈何，因为这些自私的剥削者根本不会为群体考虑，即便整个群体都要消失了，他们也只顾自己的利益。群体也需要定期地拆分及重组来构成新的组合，或者至少和其他群体互换几个成员，这是为了防止那些不懂利他的个体最终成为该群体的领袖。

Sober 和 Wilson 将上述观点称为**多层级选择理论**（multi-level selection theory，简称 MST），并把这种选择的特殊机制称为**特质群体选择**（trait group selection），因为一个群体可以被其拥有特定特质的一群成员所定义；也可以按我们平时理解的那样，是一群成员共同形成的一个具有凝聚力的群体。举例来说，Sober 和 Wilson 描述了美国的一个养鸡项目，这个项目当初设计的目的就是要提高母鸡产蛋率，但是常常培育出高攻击性的母鸡，而这种母鸡的产蛋率比自己的上一代还要低。之所以出现这种情况，是因为在当今的密集型家禽产业中，如果要成为一只优秀的产蛋鸡，一个首要的条件就是通过攻击性竞争来获取食物和生活空间。人们选择性地培育出这样的个体或许会形成一个极富攻击性的群体，这种群体所带来的压力也许会抑制其中个体的生产能力。然而，如果培育者选出了社会交往能力最强的母鸡，将其放入新群体中，产蛋率提升 160% 都是有可能的。这种方式使得产蛋率远远超出了那些标准个体喂养的项目。此外，和对产蛋能力的选择一样，培育者也在对下一代的特质进行选择，希望下一代母鸡在群体中也能拥有优秀的表现。因此，从群体层面选择出来的母鸡不会是产蛋率低、具有攻击性的个体，相反地，这些个体具有很高的日产蛋量，它们的低死亡率和弱攻击性让培育者都不需要通过剪掉它们的喙来避免啄伤事件的发生。

并不是所有的生物学家都接受 Sober 和 Wilson 的观点，许多人认为该理论所要求的条件太具体，不太可能发生于现实世界。当然，这只是个经验主义的议题，目前我们也无法说出这个观点是否正确。另外，还有一些缺乏充分依据的批评，这些批评者认为，Sober 和 Wilson 大力支持的这种"一切为了物种好"的群体选择观点早被生物学家认为是不合生物学逻辑的。但其实，多层级选择理论与这种群体选择是有明显区别的，因为传统的个体选择是 Sober-Wilson 理论中不可缺少的一部分。在群体层面上得以传递下去的特质最终能将具有适宜性的优势带给群体内部的个体。在群体层面上，对个体特质的选择一直都在进行，从而让群体表现得比其他的更好。对所处群体强烈的认同以及表现出帮助其他个体的意愿，就是在个体中选择出来特质，但这种特质只能在群体中起作用。如果没有群体的存在，也就不可能有歧视群体外个体的行为，或者不会有区别对待群内外的个体表现的行为出现，这很容易理解，因为不存在这样做的选择压力。

Wilson 表示，多层级选择理论与人类尤其相关，因为我们极其社会化。能与其他同伴相处得更好的个体将能留下更多的后代——因为相比同群中性情暴躁的个体，前者的压力水平更低，死亡率也因受到更少的攻击而降低；还因为这些个体和他们的孩子更有可能获得别人的帮助。如果我们与他人交往的技能是从这样的群体环境中选择而来的，那么就能解释我们与素未谋面的人们（或者在当今的互联网时代里从未照过面的人们）一起合作的能力。当试图为人类大多数惊人的社会特质做出进化上的解释时，采用多层级选择理论似乎真的是非常必要的。在这本书里，我们还会谈到这个理论。

有趣的是，利他主义也是少数几个同时被进化生物学家和社会心理学家关注的领域。让心理学家感兴趣的是发现引发个体做出合作和助人利他行为的因素。出于上述的群体内效应，人们表现出了强烈倾向，他们同情和帮助那些被认为和自己属于同一群体的个体。这是一种十分稳定的现象，而且已被社会心理学家研究了超过半个世纪。即使群体的划分是根据十分随意的标准（比如，根据不同的几何形状；或者和马蒂斯的画作相比，更偏爱毕加索的），这种现象还是会延续下去。

这些心理特质可能是从群体层面选择而来的，它们通过增加群体的团结，让成员更愿意保护自己的同伴，从而帮助一个群体提升自身的竞争优势。这种特质还能提高群体内部的和谐，降低群体生活的紧张和压力，从而使团结的群体的相对繁殖成功率增加，并且高于那些分裂的群体的相对繁殖成功率。

生态位构建理论

在开始回顾人类的心理和行为之前，我们还要提到最后一个进化理论，即**生态位构建理论**（Niche Construction Theory，简称 NCT）。如同多层级选择理论一样，NCT 是一个对人类进化非常恰当的观点，不论是从解剖学上，还是从心理学上。John Odling-Smee 为这个理论工作了很多年，提出"生态位构建"[①]这个名词，从而让人们更加了解该理论的核心，即动物是主动地改造生态环境，而不是被动地待于其中。

有机体对小型生态环境的主动改造能够改变自身的选择压力：每个有机体都可能成为自身进化的工程师。比如蜘蛛结成的网改造了生活环境，为自然选择创造了新的机会。生态位构建的其他形式则改造了参与构建的有机体后代所生活的环境，例如，有许多昆虫会为自己的卵提供食物，它们将卵产到树叶上面，甚至在拟寄生者（parasitoid）的情形下将卵产在其他寄主身上。这种改造生态位的过程被 Odling-Smee 与他的同事 Kevin Laland 和 Marcus Feldman 称为"生态传承"。生态传承与传统的基因遗传不同，它是进化过程的另一种形式，对进化过程有着深远的影响。土地、不动产、金钱和地位的传承在人类社会中扮演着尤其重要的角色，也为"生态传承"提供了令人印象深刻的范例。

换句话说，就像基因传递一样，祖辈同样也能将表型上受到调整的环境传递给后代子孙。如果这些通过生态继承而来的生态位一直保持稳定（也就是生态传承的过程世世代代地维持下去），那么将会导致有机体面临新的选择压力以及产生新的适应形式，这使得有机体会对当前的生态位做出进一步的修改。相应地，这也意味着环境可以像有机体一样进化。

因此，生态位构建在本质上是一个反馈的过程，这种反馈能带来进化上

[①] 生态位指的是有机体在其生态系统中的地位和角色，简单地说就是有机体生活的方式；生态位构建则是指有机体改变自身所处环境的过程，通常能够提高有机体生存的机会。——译者注

的重要意义。通过群体遗传模型的理论分析表明，那种适宜性受到生态位构建影响的特质（也称作接受者特质）能与生态位构建特质共同进化。比如在人类的历史中，石器工具（一个生态位构建特质）的进化扩大了早期人类可食用食物的范围（包括肉和骨髓），因此改变了我们的消化系统，解除了对脑容量进化的制约。工具使用、饮食改变和脑容量持续地共同进化着，并且以具有进化意义的方式互相反馈。

生态位构建意味着适应不再是一个单向的过程，有机体不只是对环境带来的问题做出反应；适应是一个双向的过程，有机体不仅要解决自身所产生的问题，还要解决环境造成的问题。

动物在生命中获得的经验能够对进化过程产生影响，这对我们如何看待进化有着重要的启示。当有机体的生态位在建构时，它们不只是"基因的载体"，因为它们能够改造存在于环境中的那些自然选择，所以它们对自己基因的选择也负有一定的责任。此外，生态位构建的行为没有必要受到遗传的调控。学习和其他经验形式可能导致动物的生态位构建发生，而对于人类，这也可能依赖于文化。

现在应该很清楚，为何生态位构建与人类进化生态学和行为学如此地息息相关。相对于这个星球上的其他物种，我们展现了更加多变且精细的文化形式，我们建构着自己的生态位已经好几千年了，至少从大约两百万年以前我们第一次发明工具的时候开始。哲学家 Matteo Mameli 曾经表示，有那么一些人在人类进化的过程中可能也扮演着一个有力的生态位建构者的角色，来塑造我们的心理能力，尤其是**读心**（mind-reading）能力——我们归因他人意图、感受、信念和愿望的能力。到今天，人类心理学的发展还完全依赖于他人内心状态的正常表达。因此我们既是心灵阅读者，也是心灵塑造者（我们在第五章还会对这一观点做更详细的描述）。

然而，就像哲学家 Kim Sterelny[①]指出的那样，我们建构自己的生态位如此长的时间，这的确给理解人类认知进化提供了一些思考，因为这意味着

[①] 新西兰科学家，研究生物哲学领域，著有多部相关著作。——译者注

人类在某种程度上将自己从环境的束缚中解放了出来。因此，尽管试图根据诸如栖息地、气候条件、掠食者密度等方面的知识来重建一个物种生态系统，我们还是很难理解人类进化的模式，因为在人类进化历史的大部分时间里，我们都在构建自己的生态位，而不是被自然环境中某些独立的特征塑造着。因此，即使自然环境一直保持稳定，人类所处的环境也是非常容易受到改变的。例如，一旦原始人发明了可以随身装水的工具，他们就能由日益干涸的自然环境所带来的选择压力中逃脱出来。如果这个例子发生在很小的区域范围内，留下来的化石记录就会很少，我们就很难确定人类出现这种能力的精确的进化过程。

Sterelny 由此提出，需要运用多种方法来探查人类认知的进化，包括实验法、建模和计算、物种间的比较研究、考古学以及任务分析（——识别完成特定任务的认知需求）。了解当前行为的适应性也同样重要，因为了解适应性能帮助我们揭示生态位构建能力是如何影响人们遵循的行为策略的，让我们理解人们使用的引导这些策略的线索，以及理解当人们面对环境制约时所表现出来的可塑性。结合实验心理学进行的关于人类行为的研究结果，再加上古人类学和考古学的历史资料，允许我们在建构一个似是而非的方案时设定自由度，从讲述假想的故事到形成真正的假设并且检验它。这绝非一个简单的任务，我们离目标的实现还很遥远。但是，即使情况远比我们最初想象的复杂，这一事实本身也并不会让这个任务不可实现。

人类的革命

这把我们带到了一个终极论题的面前——人类进化的历史。这个问题很重要，主要有两个原因：一是通过廷伯根的四个为什么理解人类行为和心理的起源能帮助我们意识到它们功能上的（或者适应上的）重要性；二是对人类进化历史的看法在进化心理学中已经占据超越实际意义的突出地位了。

我们的谱系，即原始人类的谱系，是非洲大猿的一个分支。相较于大猿中的大猩猩和黄猩猩，我们与黑猩猩有着更为接近的祖先。基因的证据表明，人类和黑猩猩的谱系大约在 500 万至 700 万年前分离，但由于这一时期的化石材料非常少，仅存的证据也互相矛盾，因此除了说"人类确实来自于大猿这个队伍"之外，我们对于这段时期的人类历史确实无法做出太多的论述。根据大量的化石证据（Australopithec 和 Paranthropus 属的南方古猿），现在我们知道，原始人类谱系中最早的成员在各个方面（尤其是脑容量）完全就是标准的猿类。原始人类与我们的远亲大猿之间唯一的区别就在于原始人类用双脚行走，而大猿通常是以四肢行走的。

最大的变化发生在 250 万年前，现代人所属的人属（genus Homo）突然出现了。标志性的事件就是大脑的体积变大（约从 400 立方厘米增大到 650 立方厘米——但与现代人的 1350 立方厘米有很大的差距），身形的快速增长，腿和臀部解剖结构的一些显著变化（使以双脚行走更加流畅），以及可能是最显著的一点——使用越来越精细的石器工具。晚期的南方古猿可能也开始使用石器工具了，但一般用的还是天然的未加工的工具。到匠人种（Homo eygaster）出现时（约 200 万年前），石器工具的制造发生了戏剧性的变化，也就是出现了众所周知的阿舍利工业①，生产出了大型的、精心打造的、均匀对称的泪滴型手斧。

在匠人时期里，生活方式发生了一些重要的生态变化，包括居住在更加开阔（相对于树林来说）的大草原上，距离水源更加遥远，觅食范围扩大，过着更多的游牧生活。这些变化使得当时的人类占据了整个撒哈拉沙漠以南的非洲地区（或许不包括非洲西部和中部的丛林），而且也是原始人类历史上第一次逃离非洲，去往欧洲南部和亚洲，并且最远到了中国东部。匠人系谱的亚洲分支通常被称为直立人种（Homo erectus），虽然目前对这两个人种解剖结构上的差异还存在着一些争议。

人类历史的这段时期有两个重要的地方。一方面，那时的我们并不孤单，在非洲出现匠人种和直立人种的那段时期，还有其他原始人类一同进化，南方古猿和人属已达 5 个种，人类的进化树更像是一片矮树丛，而不

---

① Acheulian industry，因在法国北部的 St. Acheul 地区首次发现证据而得名，化石显示出当时的人们能够有意识地制造出自己想要的工具。——译者注

是传统观点认为的像一根笔直的树干似的从猿类始祖进化到现代人。另一方面，匠人和直立人时期最引人瞩目的地方就在于，这个时期有着长久的稳定性，大约有150万年，人种的解剖结构和制造工具的种类几乎没有发生变化。

现代人起源于一场发生在大约50万年前的变迁。尽管直立人种在亚洲的某些地方一直生存到6万年前，但在非洲，已被至少一种古人类所取代（一般认为是海德堡人，Homo heidelbergensis）。这些古代人类的特点是显著增大的大脑体积（大约1200立方厘米），使用更加精细的石器工具，以及相对快速地从非洲扩散到欧洲（没有到亚洲）。在欧洲，它们最终发展成为尼安德特人（Homo neanderthalensis）。尼安德特人在冰河时期成功地占领了欧洲的栖息地，一直到28000年前都生活在那里。而在非洲，那里的古代人类又发展为一个新的人种，体形更小，大脑更大：这就是解剖结构上的现代人（Homo sapiens）①，是现在的我们所属的人种。

关于智人的由来最近有一个让人出乎意料的研究结果，对全世界现代人DNA的分析显示出大约在20万年前（也可能是10万年前），今天所有的人类都共有着同一个祖先（这里我们不描述相关的证据，如果感兴趣，您可以阅读任何一本当代古人类学的教科书）。现在，我们同样也知道了智人与尼安德特人属于不同的人种，这是从尼安德特和克鲁玛努人（在欧洲发现的最早的且具有代表性的智人）的化石中萃取DNA，通过比对分析所确定的事实。克鲁玛努人的DNA与现代人的没有区别，但是尼安德特人的DNA就与克鲁玛努人以及现代人的有着显著的区别。

更加娴熟的工具制造工艺大约在10万年前出现，这标志着现代人在非洲的出现。这些工艺包含了制造精细的箭、长矛，有着锋利刃面的刀（也称为细石器）和多刺的鱼叉。这些新型武器似乎是捕猎方式转变的标志：从使用刺穿型武器（如笨重的矛——包括尼安德特人在内的古人类所拥有特点之一）转变为使用发射型武器。现代人抵达欧洲大陆之时（大约4万年前，在

---

① Homo sapiens，也就是我们常说的"智人"，下文都将"解剖结构上的现代人"译为"智人"。——译者注

尼安德特人灭绝之前），这项工艺已发展成为成熟的艺术——制造出纽扣、珠子、细针、"维纳斯"雕像、石洞壁画和附有陪葬品的葬礼（最后这项大约在2万年前出现）。

在最近的30多年中，我们学到的重要一课就是人类的进化早已脱离了"简单"这两个字。有时人类的进化确实被置于人口统计学的刀口上。举例来说，智人的出现似乎与一个基因瓶颈有关：所有现存的人类是大约5000个女性的后代，这些女性生活在15万~20万年前的非洲大陆上，她们不一定需要生活在同一时间、同一地点，也不必是当时唯一存活的可繁殖的女性。这就意味着所有人类的繁殖种群（也称为"有效种群"）曾经的确是非常小的，当时所有生存在非洲的人类，只是非常小的一部分个体（相对来说）组成的群体，成为了我们的起源。

基因瓶颈的出现往往导致一个人种的终结，如同那些关于谁能够繁殖后代、谁不能的不幸意外一样，例如，在种群内部的所有成员中传播的先天性疾病。更普遍地说，种群内的基因可变性若减少，就代表着它将不能适应环境的变化，因为拥有最合适的基因结构的个体已经消失。这种人口统计的瓶颈意味着人种的生存危在旦夕，而这样的瓶颈通常也与进化的快速变化相关。

现代心智的起源

阿舍利手斧的出现是认知能力显著提升的一个标志，特别是根据未加工的原石材想象出手斧形状的能力。但是即便如此，当时的直立人种所拥有的认知技能与后来的古人类（包括尼安德特人）尤其是智人所拥有的，明显不是一个级别。这种技能的转变标志着认知方面的巨大变化，包括更加深谋远虑，更精细的运动控制和手眼协调能力，以及更确凿地拥有意图。

阿舍利手斧有一个特殊的地方很引人注意。直立人精确地做出相同样式的工具，而且年复一年地使用着：晚期直立人做出来的工具与比他们早一百多万年的直立人做的没有任何区别。仅仅拿手机技术在近10年的发展速度来对比，就可以看出他们当时的工具制造工艺是多么稳定。

撇开脑容量的增长不谈，上述差异显示出匠人和直立人在心理能力上与我们现代人十分不同，他们缺乏真正的模仿他人的能力。"真正"的模仿需要两个要点：一是理解行为背后的意图；二是精确地重复该行为的动作。仅仅模仿他人的动作却不能理解他人行为背后意图的叫作"效仿"，比如幼童重复着爸爸刮胡子的动作，这种效仿没有认知上的需求。

真正的模仿意味着，当你注意到他人使用的某个技术优于你的技术时，你可以采用他的技术来提升自己的作品质量；如果你之后将自己的技术调试得很好，而且改进了这个技术，其他人就会来模仿你的技术，来利用你的改进和创新之处。因此，工具的样式会随着时间逐步改变；如果没有真正的模仿，工具样式就只能囿于陈规。

因此可以这么认为，匠人和直立人也许观察过其他工具制造者的制作过程，对一个已完成的工具有了形态上的概念，但是当他们自己制作时，还是使用了自己的方式：一些跟那些熟练的工具制造者类似但不相同的方式。这造成了工具生产异质法，即使完成的工具看起来是一样的。没有精确的模仿，任何对工具设计上的改进都不会传递到下一代，因为没有其他个体能够精确复制用来生产工具的技术。如果拥有了真正的模仿，每个人都能够精确地、按步骤地模仿工具制造者的每一个动作，那么不论改进的技术于何时发生，都能在个体之间传递（通常是上一代传给下一代）。

所有这些都揭示出一个重要问题，就是在过去的500万～700万年前的这段时间，没有一个时期可以被认为是人类进化的形成阶段。我们的特质是在非常长的时期里一点一滴地获得的。双脚行走出现于非常早的时期（约600万～700万年前）；我们的阔步行走以及相应的解剖结构的改变出现在较晚的时期（约250万年前）；大脑进化的飞速发展使现代人的大脑快速地增大增厚则发生在更晚之后（约50万年前）。同时，尽管石器工具历经了很长的一段历史（可追溯至250万年前），但随着时间的推移，工具的样式和质量都有着一系列明显的转变并在旧石器时代晚期革命时达到顶峰，这个顶峰大约发生在10万年前。这些证据表明了一个短暂但重要的认知发展的演替。

人类的心智也是一点一滴进化而来的。

　　人类进化的这种镶嵌式特点是很重要的，因为进化心理学家十分倾向于将现代人的心智起源与当时的环境状态联系起来（也称为进化适应的环境），这也许可以确定个体特质进化时所处的某些环境，但是古生物学的证据表明，历史上没有那么一段时期可以让现代人的所有特征以一套相关的、共同进化的特质发展出来。我们的特质就像是一锅大杂烩。事实上，我们的特质在进化的历史长河里慢慢发展，有些可能出现得很早，有些则是近期才出现的。

小结

　　进化不是为了物种的利益，而是为了个体的利益。对自然选择运作的理解一般可以通过"基因视角"来放大，但是当我们这么做的时候，必须谨记，选择是对整个有机体起作用的。采用"基因视角"的观点有助于解决许多进化的难题，但是当我们在检视自身进化时，还需要考虑其他的进化机制，尤其是多层级选择理论和生态位构建理论，这些是理解人类进化模式必不可少的理论，因为我们这个物种有着独有的社会性和智力。在进化谱系上，人类这条支线开始于可站立的猿类家族，之后发展出一系列特有的、适应性强的人种。现代人生理和行为的特点是通过长期进化慢慢形成的，并与我们的姐妹物种共享着其中一些特点。在进化历史中，我们不是唯一的人种，而我们现在能统治这个星球，真是一场幸运的意外。

第三章

基因、发展和本能

我们在本书开头也讨论过，在进化心理学中最受争议的问题是：决定我们行为的究竟是我们的基因，还是我们后天受到的栽培？耶稣会有一句著名的（或许也是臭名昭著的）格言："让我把一个孩子养到7岁，我将给你一个完美的成年人。"由此可以看出，他们相信童年早期是人格成型的阶段。18世纪经验主义哲学家约翰·洛克（John Locke）的经典描述是：儿童的心智是一块"白板"，生活的经验会在上面刻画出人格和行为方式，并且一直稳定保持到成年。相反地，某些反对"基因将会出局"的言论认为，不论一个人在何种环境下被培养长大，他们特定的人格特质还是会清楚地显露出来。

后天主义者（环境主义者或白板论者）和先天主义者（相信生物传承更重要的人）的说法是对这两派人最明确的区分，他们的观点在发展心理学中纠缠了大半个世纪，而且当进化心理学这个学科出现之时，这场争论不可避免地蔓延于其中。不幸的是，由于20世纪70年代开始，环境论分析方法已在主流心理学中占据了优势，进化心理学和更为传统的心理学方法之间的冲突至少有那么一部分成为了这场争论的最新表现形式。然而，如我们在第一章所解释的那样，没有一个明确的进化理由可以告诉我们，我们应该更喜欢先天论的还是后天论的分析方法。其实，不论进化选择了哪个方法产生出心理，它都是进化所使用的方法，先天论和后天论都可以是很好的进化论解释。

拆散那不可分割的

事实上，基因和环境都不能独自完成进化这个大工程，在一定程度上起了重要作用的反而是这两个方面彼此的交互作用。20世纪60年代，生物学领域出现了一种交互作用观点（interactionist view）。毋庸置疑，大多数人采用了交互作用的观点，他们谨慎地强调基因和环境的重要性，但事实上，很多人有时并没有完整地认识到这个观点的含义。这种情况反映在现实中就是：尽管很多人都接受了基因和环境的共同影响，但人们（尤其是在媒体中）往往愿意分别讨论行为的基因成因和环境成因。

这种做法可能是因为人们误解了行为遗传学家公开科学结果的方式及其测量方法。行为遗传学家对某些特质的**遗传率**（heritability）感兴趣，比如运动能力或者性别取向的遗传率。遗传率是一个术语，指的是一个特质不同变异之间的比率，是基因结构差异与生长环境条件差异的比值。通俗地说，它就是一种测量方法，通过对特质在父辈中的分布情况及其群体典型交配模式的了解，看能够在多大程度上预测特质在后代中的分布情况。更通俗地说，我们要知道的是：子代行为和生理的特质在多大程度上与其父辈的相关特质有关？如果特质的大多数变异可以由特质在父辈中的分布及其典型交配模式来预测，那么就可以说这个特质有着很高的遗传率。

人类身高就是有着较高遗传率的一种特质：身高的大多数变异可以通过父母的身高来解释（高的父母通常有高的孩子）。然而，当行为遗传学家提出这样的观点时，并不表示身高主要由基因决定，而环境几乎不起作用。行为遗传学家感兴趣的是遗传变异如何影响着特质在群体中的分布，可是他们并没有给出对个体的某一特质实际的表达方式的假设或者对此做出推论。他们的关注点放在了整个发展过程的结果上，而不是发展过程本身。

特定的基因（也就是DNA片段）与特定的条件（精神分裂症、暴力倾向或无语法表达）有关，这个观点也有同样的道理。事实上，特定的基因与特定条件有关并不代表着它就是这个条件的唯一决定因素。只有很小一部分的特质有着这样简单的遗传联系（比如眼睛、头发和皮肤的颜色等），即便如此，它们通常还是需要多个基因参与遗传的过程。在大多数情况下，特质的形成是由复杂的遗传级联（genetic cascade）决定的，涉及大量的基因以及这些基因发展时所处环境的某些方面，比如说基因被开启或关闭的次序。一个基因可能与某一特质有关，但不是因为它决定了这个特质，而是它能产生某种影响，对特质的正确发展起至关重要的作用。举例来说，如果你的汽车火花塞坏了，要发动车子就是不可能的，然而只有头脑简单的人才会说车子能跑起来都是因为火花塞。很显然，我们讨论自身行为时与我们讨论家用汽车时是很不同的，所以我们一直会犯一个基本的错误，一个不会发生在我们讨论非生物体时的错误。

报纸上常常大肆报道，说科学家发现了"同性恋基因"或者"语言基因"，这就是犯了基本错误，遗传率只是告诉了你一个数字，说明相对于环境来说，基因在多大程度上控制了特质的形成。所以根本就不是报导所说的那么回事。

交互作用论的烹饪之旅

想象烘焙蛋糕的过程可以让我们更直观地理解交互作用论者所持的观点。你找齐了所需的全部原料——鸡蛋、黄油、糖、面粉等——将它们混合起来，然后将之送进烤箱。一个小时之后，如果幸运的话，被你放进烤模里的那些湿乎乎的面糊就会变成轻盈蓬松的海绵蛋糕。那么，蛋糕的蓬松度到底是由于它的基因（原料）决定的，还是由它的环境（烤箱）造成的？蛋糕顶层的金黄色又是怎么来的呢？这些在多大程度上受你加入的原料影响，又在多大程度上受操作程序影响呢？是不是80%受原料（基因）影响而20%受烤箱温度（环境）影响？

通过思考蛋糕的烘焙过程，这些问题看起来似乎就迎刃而解了。蛋糕的蓬松和金黄色受到全部过程的影响：鸡蛋、黄油、面粉和糖在混合过程中起的交互作用，加上置于烤箱烘烤的时间长度。你不能说蛋糕所拥有的特质是由于某一种原料造成的，或者是烘焙方式造成的。蛋糕的蓬松度也许有高遗传率，因为蓬松度的许多变异可能是因为使用了不同种类的面粉（等于遗传差异）造成的，但这不代表面粉自身能决定蛋糕的蓬松度。人类（和所有其他有机体）也一样，是遗传指令和某一系列环境变化因素交互作用的产物，如同蛋糕一样，是一加一大于二的结晶，不会以一种简单的方式被简化为其中任何一个方面决定的。

交互作用观点还包含了另一方面的内容，即如果基因和环境交互作用产生了一个个体，那么如果要将该个体制造成物种典型的版本，不仅该个体所承载的遗传信息要与上一代类似，其生长环境也要与上一代相同。这就意味着，只关注基因的进化观点实际上是忽视了一大半事实：进化若要发生，环境和基因一样，其传承性和连续性都是必不可少的要素。

尽管道金斯的"基因视角"的观点帮助我们从理论上理解了一些进化难题，但它容易让我们忽略环境传承的重要性和发展过程的重要性。然而，环境系统理论和近来的生态位构建理论（强调有机体可以创造周围的环境，因而可以通过复杂的反馈循环来造成进化的改变）都是把交互作用论放在首位。对人类和非人类行为更为丰富的理解要求我们放下那种只是简单考虑基因和环境贡献多寡的想法，去接受基因和环境会形成一个复杂的整体的说法，并且这个复杂的整体需要用综合且精确的方法来分析。

先天和后天的争论总是跟一个问题联系在一起：到底有没有"人类本能"？本能指的是一个物种所有成员共同拥有的行为，这种行为是天生的，或者说是遗传上的"硬连接"，因此不需要学习就能显露出来（通常是在出生时就显现），而且只要出现了就不会再改变。这个问题要如何与我们前面所阐述的观点——行为不可能完全依靠基因决定——统一起来呢？本能不就推翻了这个观点吗？如果我们的某些行为是本能的，不就意味着我们无法控制自己的行为吗？

如果本能的定义如上文所述的那样，这些是有可能的。如果有一个行为在出生时（或者刚出生没多久的某个时间）出现并且完全成型，之后再也不会改变，那么这样的行为的确可以被称为是由遗传决定的行为。然而，事实上，许多例子都不是这么清晰明确的。而且行为是否完全不受环境影响，是否完全不会改变的问题要被证实也非常困难。尽管我们感觉好像从来没有学习过某些行为，它们的出现非常地自然而然，但是要真正排除其他所有可能的影响，比我们想象的还要困难。

要阐述上述问题（以及在第四章开篇，讨论儿童认知发展所涉及的细节问题），就让我们来看一些关于本能的例子吧，这些本能对早期的发展非常重要。

发展和印刻

印刻（imprinting）是一个很好的例子，可以说明本能并不是看起来的那样。尽管印刻有许多种形式，但最众所周知的还是动物幼崽能够迅速学会母亲的各种行为细节，以及对妈妈产生社会性依恋。实际上，动物幼崽会向它见到的第一个移动的物体学习。通常它们见到的是它们的母亲，然而，康拉德·洛伦兹（Konrad Lorenz）的著名研究表明，如果小鹅第一眼见到的是人类，而不是鹅妈妈的话，它们同样也会对人类产生印刻。有一个对这段习性学历史的经典描绘：洛伦兹穿着他的靴子越过一条泥泞的道路，身后跟着一群孝顺"妈妈"的鹅宝宝。

由于这种行为出现得非常早，所以通常被认为是一种硬连接的本能，但实际上，印刻是快速地、导向性的学习的一个例子。动物幼崽做好了学习妈妈特点的准备，以便于识别妈妈，从而使自己免于因接近其他个体（比如种群里较为不友善的成员）而陷入危险的境地。因为每个个体与其他个体都有着无法预测的差异，所以与生活有关的信息不可能被记录在一个由基因决定的模板上面。小孩必须学习到妈妈的一些独有的特点，这些是需要从大量的经验中学习的。这就是为什么在非正常环境中成长的小鸡同样可以对人类产生社会性联结。遗传提供的是这种在敏感期快速学习的能力，而不是识别"母亲"的能力。

这就更准确地印证了我们早先提出的观点，也就是进化过程要运转起来，环境和基因都是必须传承下去的。在正常的条件下，印刻行为之所以产生，是因为通常情况下小鸡破壳而出时会见到自己的母亲，遗传提供的学习能力和正常的发育环境之间的交互作用确保了小鸡与自己的母亲形成安全的社会性联结。如果是错误的环境条件，那么小鸡将会形成一个非正常的依恋，即使自己的基因传承与其他正常的小鸡（能对自己母亲产生印刻行为）的没有区别。

出生不久或者破壳而出时，快速学习的能力就存在了，同样地，学习也有可能发生在出生之前。这就更难以定义和确认本能的概念了：不应该假设那些出生时就出现的行为的形成没有学习的参与。比如，小鸡刚从蛋壳里孵出时，马上展现出了一个偏好，即更喜欢自己物种里母亲的叫声，这种现象被当作"本能"的例子之一，行为的出现看似没有经过学习，因为小鸡没有任何机会来学习这样的声音。然而，Gilbert Gottlieb（发育系统理论的早期支持者）做出的一系列经典实验表明，小鸡在蛋里所发出的声音，对这种本能般的偏好的发展是很重要的。如果不让尚未孵出的小鸡发出声音，或者不让它们听到自己物种的叫声，那么出生之后，它们就不太能辨认出同类的叫声。

回到我们更关心的人类身上。同样也有证据表明，人类婴儿在子宫里通过经验学习母亲的气味，并对此产生印刻。新生儿对包覆自己的羊水气味有着非常强烈的反应：在羊水的气味中，婴儿会表现出更少的哭泣；而且他们也喜欢被怀抱在沾满羊水的胸前。这样的学习也许能帮助孩子在出生之后立即识别出自己的母亲以及对母亲产生印刻。当代人们普遍在医院生产，因为整个过程更加干净整洁，但在此之前，不在医院生产的母亲生产时通常会全身沾满自己的羊水，从而满足婴儿的这种偏好并让其与母亲产生联结。

婴儿同样能识别出母乳的气味。2周大的婴儿虽然从来没有接触过母乳，但他们更喜欢正在哺乳的妇女使用过的纱布垫，而比较不喜欢未在哺乳期的妇女所使用的。目前还不清楚婴儿是对什么物质做出反应的。但是我们非常肯定的是，乳汁里有一种特殊的气味，比如母亲乳头分泌物的味道。这种对母乳的偏好可以被认为是一种本能，因为很明显，婴儿没有经过任何学习。

但事实上，本能不代表它在以后不会改变。这种喜爱所有母乳的偏好会在婴儿 6 天大时转变成只对自己母亲的乳汁的偏好。此外，相对于陌生人来说，婴儿会更喜欢自己母亲腋下散发的气味。

就连母亲本身也受到这些过程的影响。举例来说，有证据表明，当孩子还在子宫里时，母亲就开始学习认识孩子的气味了。母亲跟自己的宝宝接触短短 10 分钟之后，就能通过孩子穿过的衣服来识别自己宝宝的味道。如果亲眼目睹这一切，你很有可能认为这就是人类的本能，母亲"就是知道"哪个是自己的孩子。但其实，早在母亲怀孕的时候，学习的过程就已悄悄开始了，只是就连母亲自己都没有察觉。

本能的小集合

人类婴儿还表现出了一些让我们想要称之为本能的行为。许多时候，婴儿会对特定的刺激产生反射反应，这通常反映出他们特定感觉系统的成熟。内耳的前庭系统就是最早成熟的系统之一，这个"第六感"让我们能够感知到身体的运动和空间朝向，并用以对抗地心引力，对平衡能力十分重要。莫洛反射（Moro reflex）指的是当婴儿的姿势突然被改变时，所出现的上、下肢突然向外伸展、手指伸直的反射动作，然后四肢会慢慢地恢复到屈曲的姿势。这种反射第一次出现是婴儿还在子宫里时，大约是受孕 8 个月的时候（这时前庭系统开始发挥作用）。由于刚出生的婴儿已能够探测到自己相对于地心引力的姿势，当他感知到姿势发生突然的变化时（比如，助产士做的标准莫洛反射测验就是将孩子在床上举到 2.5 厘米高，然后立刻将之下落到床上），就会做出一个动作来回应。已发挥作用的前庭系统也让婴儿能够在出生之前将自己的头部往下移动到一个适合出生的位置。这个系统有问题的孩子在出生时多数是脚先出来的（臀位分娩），因为他们不能区分"上"和"下"的空间位置。

对前庭系统的刺激有助于婴儿的发育。对尚未发育成熟的婴儿来说，这能够刺激他们的成长并使其体重增加，还能让孩子不那么急性子，呼吸更规律，睡眠更持久。每个家长都知道哄宝宝入睡的方法，就是摇一摇他们，但如果不管用，那就开车带他们出去兜兜风。运动刺激着前庭系统，让宝宝停止表现出"脱序行为"（比如四肢乱动、面孔扭曲、尖锐哭喊），使他们进入平稳的状态。如果这个刺激持续的时间足够长，就会降低孩子的清醒程度，使他们渐渐入睡。

触摸同样也是影响发育的重要因素，接受到的触摸越多，孩子会越快地茁壮成长。在生命的最初几个月里，父母对孩子身体的有力触碰和检查不仅建立起了亲子之间的情感联结，还有助于促进孩子情绪和心理的发展。抱着孩子轻摇，可以从近因（我们为何在特定的时间里表现这样的特定行为）和远因（行为的目的是什么？它的进化功能是什么）两个层面来解释。从近因来看，我们轻轻地摇晃孩子是为了让他们停止哭泣。然而，摇晃同样也有其终极功能，就是帮助孩子更好地生存下去，因为它能促进发育，增加体重，让孩子处于最佳的状态来认识世界并发展自己的心理能力。

妈妈语和社会性微笑

还有一种行为看来也是一种本能，即某些妈妈对孩子说话的方式。尽管大多数成人厌烦"娃娃语"，但即便如此，当面对一个牙牙学语的小孩时，不论是自己的还是别人的孩子，大多数人会放慢说话速度，提高音调和声调，一遍又一遍地重复同样的字，通常还会伴随着夸张的面部表情。这种夸张又刻板的发声模式在不同的文化下都能观察到。这似乎是一个普遍的育幼行为，也就是所谓的**妈妈语**（motherese）。

尽管这如同唱歌般的说话方式听起来十分愚笨，但用来刺激幼儿的听力是无比适合的。高声调和单字连读让孩子更容易区分话语的不同部分。音节之间的差异也能够被起伏的频率更好地体现出来。同时，放慢速度的说话方式也让孩子更容易对语言进行加工处理，因为孩子对听觉信息的加工能力只有成人的一半。声音的响度也能让孩子更好地将一个人的声音从背景噪声中辨认出来，因为他们的听力不如大一些的孩子和成人敏感。一定频率范围内的高频声音对 3 个月左右的孩子来说是最敏感的。妈妈语在我们听来非常可笑,却是吸引孩子的注意力并且能让他们开始学习语言的基本知识的最佳方式。

与这些对语言基本属性的自然反应一样,在子宫里的胎儿也会形成对自己妈妈的音调和声调的偏好。胎儿在子宫里听见的任何声音都能在他出生之后很好地吸引他的注意。这种初始的偏好后来会被持续地强化,因为妈妈语通常还会伴随其他的奖励,比如一个正性的面部表情、身体的接触以及其他亲密行为。

和其他育幼行为一样,我们现在还不是很清楚,妈妈语到底是本能还是我们曾经看过别人与孩子如此互动而学会的?甚至有没有可能是孩子训练我们用这种方式说话的?即便是脾气最暴躁的成人最后都会妥协于这种说话方式,因为这是孩子最喜欢听到的。有些正常的成人说话方式(尤其是有着低沉嗓音的男性)会让孩子感到不愉快,大人一旦感受到孩子的负性情绪,就会立即改变自己的说话方式,试图以此平抚孩子的情绪。如果这么做成功了,他们会发现自己说的正是妈妈语。因此,婴儿和成人之间的反馈相互强化出了这个结果。

类似于触摸和前庭刺激,也有证据表明妈妈语有助于婴儿的发育。Marilee Monnot 在研究了 52 个正常且足月的孩子后发现,在他们 3~4 个月大时,婴儿体重的增加与自己的母亲在妈妈语使用中的两个方面存在着正相关:一是说话的**韵律**(prosody)成分(即音调、节奏和音感);二是语义内容(即以婴儿为中心的谈话内容所占的百分比)。这些能反映婴儿当下的注意强度。当其他刺激的影响还不能被排除时,妈妈语就像其他一些对身体的刺激所能做到的那样,明显能使孩子处在平静的状态,并且充满注意力。总的来说,这个育幼行为的确能很好地帮助孩子茁壮成长。

在所有的发展里程碑中出现得最为普遍的,也是真正能被认作是本能的行为,或许就是社会性微笑。在全球每一种文化中,婴儿在 2 个月大开始出现微笑,即使他们的视力还没发育好,还无法看见自己在对谁发出微笑(甚至从来没见过自己的微笑)。这些微笑是严格意义上的社会性微笑,通过某些特定的刺激而产生。在婴儿更小的时候，他们也会自发地做出微笑，但是这种微笑与情绪状态无关，只是一种皮肉的笑，这种笑是由于婴儿脑干中神经元无意识的放电造成的。并且孩子还在子宫里就会做出这种微笑，通常是在他们睡觉时（可能是因为控制面部表情的神经与控制睡眠的神经挨得很近）。反之，社会性微笑要到出生后的2个月才会出现，需要使用到眼睛周围的某块肌肉，这块不受主观控制的肌肉叫作眼轮匝肌。只有当我们真的感到愉悦或者看到令人高兴的东西时，这块肌肉才会收缩，那些平时看到的眯着眼睛笑的动作，就是这块肌肉收缩的结果。

为什么这个能力是在2个月大时才出现，而不是2周大，或者2岁的时候呢？如同莫洛反射一样，行为的第一次出现与某个神经系统的成熟有关，这里指的就是基底神经核的髓鞘化。髓鞘是一种环绕在神经细胞（特别是细胞的长长突起，也叫作轴突，传导着神经冲动）外围的肥厚物质，这种物质包裹着神经细胞，使之与周围的世界隔绝，就好像电线外面的塑料外皮一样，这种隔绝使神经冲动的传递更加快速，并且更有效率。简单地说，髓鞘化使大脑系统"联机在线"了，让信息在大脑的不同区域传递，并且更有效地被处理加工。对于其他动物来说，基底神经核与一些刻板的社会行为的出现有关，比如求偶、统治和交流问候。或许，基底神经核对人类也起到了相同的作用，激发了这么一种如此重要的社会行为。

和妈妈语一样，通过婴儿和看护者之间的相互反馈，这种本能的社会性微笑经过学习能很快地完善起来。当父母接收到刚出生的孩子发出的微笑时，对孩子的注意力就会增加，微笑就像其他类似的能给予父母奖励的刺激一样。随着时间推移，婴儿通过自己发现的某些情况，学会了改善自己的微笑，他们微笑的方式就会变得更丰富，面部表情也更加多元。另一方面，视力缺失的婴儿虽然拥有天生的微笑能力，却不能利用这种重要的反馈来完善社会性微笑，随着时间的推移，他们的面部表情会变得愈发缺乏反应性：他们笑得少了，并且笑和其他面部表情的变化也变得比较少。

语言的悖论

如同社会性微笑一样，语言也是一种有着许多本能特色的特质。尽管不同的语言之间有着许多差异，但是所有儿童都遵循着相同的步骤来学习说话。最初，孩子在 2 个月大时开始发出"咿咿呀呀"的声音，重复着以元音开始的一长串声音（比如一连串的"哦哦哦"，或者是"啊啊啊"，听起来像是鸽子的叫声），然后又开始能够发出辅音，大概在 10 个月左右，孩子结合着元音和辅音，能重复长长的一串音节（比如"mamamamama"，"nenenenene"）。接着，他们进入了另一个阶段，开始会说两个字的单词。最后，在 4 岁之前，能说出完整的句子。这个阶段是孩子语言学习的敏感期，在这段时间里，孩子能迅速而且很轻易地获得语言能力；等他们到了青春期，只需要付出很少的努力或是几乎不用付出努力就能获得语言的能力开始减弱；到了成年期，正如我们切身体验到的，语言的学习会变得非常困难。

著名的语言学家和政治理论家乔姆斯基（Noam Chomsky）最先指出，尽管世界上所有的语言看起来如此不同，但是它们都有着相同的基本结构，乔姆斯基称这种结构为"普遍语法"。根据这个理论，他推断人类掌握语言是大脑的一种本能。然而，他并没有从进化的角度看待这个问题，而且拒绝把语言看作一种适应产物。相反，他倾向于把语言看作人类拥有巨大的脑容量所伴随的一种附加现象（或者说是偶然的副产品）。近来，认知心理学家 Steven Pinker 质疑了这个观点，他在著作《语言本能》（*The Language Instinct*）中指出，语言包含了一个在自然选择的作用下形成的特质的全部特点。也可以这么说，语言所具有的精妙设计使其不可能仅仅是我们异乎寻常的大脑的副产品。

就像之前提到的那些能力一样，语言发展尽管有着本能般的本质，但是经验和环境的影响对正常的语言发展也是非常重要的。尽管我们能够掌握一系列先天决定的语法规则，但是在孩童时期学到的语言以及我们最终使用的说话方式（我们的语调和口音）都是由于经验的作用而形成的。如果将一个孩子与正常的社会交往隔绝（比如受虐儿童或者听障儿童），那么他的语言就无法正常发展；如果隔绝得滴水不漏，那么他根本不会有语言能力。一个人总是需要一定的母语经验，才能调整大脑里那些天生的能力，使它们正确地运转起来。

从学习单字，到学习表达语法完整的句子，这个转换与大脑左半球的一些与语言表达直接相关的区域的成熟有关。威尔尼克区（Wernicke's area）就是大脑掌管语义理解（单字或句子的含义）的部分，在儿童 8～12 个月大时，该区域突触的形成（神经细胞之间的联结）会达到一个高峰，髓鞘化的发生则是在儿童 1 岁左右的时候，或者更晚。反之，布洛卡区（Broca's area）则是大脑掌管语法规则（句子组成的结构，和其他可被称作语法的东西）的部分，该区域在儿童 15～24 个月时会达到突触形成的高峰，而一直到 4～6 岁，髓鞘化才开始发生。

除了这些成熟进程表，儿童的大脑也是富有可塑性的，他们大脑中突触联结的形成比成人更加容易，而且更加快速，这使得他们可以更迅速地获得新知识。这同样意味着，相比之下，儿童的大脑不那么容易受到损伤。4 岁以下的儿童如果没有整个左半球（通常来说，是掌管语言功能的半球），仍然可以很好地学会说话、阅读和写作，因为他们的大脑具有可塑性，能够让右半球形成这些必要的功能联结来代替左半球。但是，如果在 4 岁之后才失去了左半球，那么语言功能也会随之丧失。

尚在妈妈肚子里的胎儿大概在 6 个月大的时候，大脑左右半球就能对说话的声音产生不同的反应。这个结果是通过对早产儿的脑电记录（通过 EEG 测量的）获得的。他们的右耳（如大家所知的进化结果：右耳连接着左半球）能更好地接收说话的声音，而左耳（连接着右半球）能更好地接收音乐的声音。尽管大脑的左侧掌管着语言，但是右半球主导着人们说话时的旋律特点（也就是语言的韵律）。由此看来，左右半球的这种差异在婴儿出生的前 3 个月已经显现出来了。

由于孩子在子宫里时可以听到并且加工子宫外说话的声音，所以他们在出生之前就能够学习一些语言的知识。甚至有证据表明，如果妈妈在电视机前坐上足够长的时间，子宫里的孩子能够形成对该电视剧主题曲的偏好。因此，孩子在出生后会对妈妈的声音有着明显偏好，或者对妈妈在怀孕时大声朗读的故事有着更强烈的反应，也就不足为奇了。

4天大的孩子就会显示出对母语的偏好。在一个研究中，法国的孩子对自己妈妈说的法语表现出了明显的反应，而对用妈妈的声音说出来的俄语则没有明显的反应。当声音的磁带经过特殊处理，使播放出来的每个单词都变得模糊不清时，孩子依旧可以表现出对法语声音的偏好，这就表示孩子是对语言的节奏和旋律做出反应的，而不是对实际的单词做出反应。

孩子同样能够像成人一样区分话语中的单个声音（也称作音位），举例来说，孩子毫不费力就能区分 ba 和 pa 的发音，而且他们比成人能区分出更多的音位。日本的孩子能够区分"r"和"l"的发音，但众所周知，这个能力对日本的成人来说是个极大的挑战，他们几乎无法分辨这两种发音。由此看来，孩子天生就能够区分变化多端的说话声音，但是随着年龄的增长，他们渐渐失去了这种能力，只能够区分母语中所拥有的那些音位。

跟大脑的许多其他功能一样，这似乎又是一个"用之或弃之"的例子。在出生时，对于分辨某些声音的神经区域来说，发育机会都是均等的。然而在母语环境下，那些用来区分母语音位的神经区域发展得更好，而这种精准的分辨能力对孩子进入社会世界十分重要。

如同微笑一样，语言也是一种经后天经验调试的先天能力。与说着语言的人们交谈对正常的语言发展来说是必须的，而且多亏孩子的"语言本能"，我们不需要使用教数学或者地理的方式来教他们说话。在孩童时代的敏感期里，他们天生的能力就能指导他们，让他们的语言学习轻而易举。

即便成为了大人，我们做的许多事情仍有着"本能的特点"（如果希望的话，我们可以用本能二字来代替），但我们的行为并不是由无意识的本能所驱使的。也许这种熟练的习惯能为我们提供捷径，减少认知加工所耗费的时间：我们不需要去想该做什么，只要去做就好了。当环境一成不变时（或者当我们需要它一成不变的时候，就如孩子早期的发育时期那样），或者生命正濒临危难时（比如看见一辆失去控制的公交车正向自己驶来），这种本能对我们十分重要。然而，每天都是复杂的、不可预测的，所以我们需要找到一种平衡，使生物系统的不同成分之间的冲突达到和谐。在下一章，我们将会继续人类发展的主题，探讨更多儿童心理发展的细节，特别是儿童如何理解他们所处的社会世界。

小结

对进化如何运作的全面理解，意味着明白了有机体和自身行为是由基因和环境的交互作用产生的。试图将这两者分开的举动不仅是错误的，而且还是不可能的。当我们把行为称为"本能"时，指的就是它们是完全由基因决定的"硬连接"。与行为的其他所有形式一样，本能其实也是一种由基因和环境交互作用而产生的行为。就如同任何其他行为一样，本能需要学习的参与，也可以被经验调节。在发展过程中，它们出现得非常早，或者只在敏感期出现，并且不同的本能出现的时间也有所差异。然而，我们很难证明它们的发展完全没有受到环境的影响。如果跨过这些行为的无意识本质，我们可以称这些行为为"本能"，并且可以把它们看作成为人类所需的核心部分，但是与我们喜欢牛排胜于沙拉，或者喜爱罗雷塔·林恩[①]胜于莫扎特这种事情相比，它们并不会太受遗传的影响。

[①] 20 世纪 60 年代的美国乡村女歌手。——译者注

第四章

我们是如何成为人类的

在本章中，我们将用进化的观点来探讨人类的认知发展，重点关注儿童如何理解他人及其内心世界。这部分内容不仅是与我们的主旨最为相关的认知领域，还是前一章里许多观点的浓缩。人类儿童的成长是一个在遗传天赋和生长环境（文化）之间的辩证过程。一个孩子若被遗弃在荒岛，就像鲁滨逊[①]那样，那么他永远无法发展为正常的人类。也就是说，在与世隔绝的环境中，人类的心智不能得到发展。借用17世纪英国诗人John Donne的名诗来解释：我们都不是孤岛，而是"社会"大陆上的一块地，是大陆的一部分[②]。

婴儿如何了解世界

人类婴儿在出生时完全无法自立，即便是最简单的任务，他们都没有能力完成。但这不代表他们天生愚笨，原因只是他们的大脑和身体都尚未发育完全。对于大多数灵长类来说，出生标志着一个重要事件，即大脑已经达到了发展成熟的水平，灵长类婴儿甚至一出生就能够自己走动。然而，人类是一个反例，因为人类婴儿只用了9个月就出生于世，他们的大脑还未发育到我们所期望的水平：人类和其他灵长类（或者大多数的哺乳动物）不同，人类大脑最明显的发育过程是在出生之后。相较于其他灵长类，人类婴儿在较早的发展阶段就出生，这是为了能够适应人类女性相当狭窄的骨盆。如果人类婴儿要像其他灵长类一样，在子宫待得足够久以使大脑发育完全，那么他

[①]《鲁滨逊漂流记》里的主人公。——译者注
[②] 改自于John Donne在1623年所著的《沉思录》第17篇。——译者注

们将无法娩出。

　　这是一个进化遗留下来的历史问题，直立行走使得骨盆变得窄小（在行走时，能给躯干提供更稳当的平台），由于这个演变过程比大脑飞速发展的时期还早了几百万年，我们的祖先在当时经历着无法想象的困难，即要把头和身体都相当大的孩子从相对窄小的通道挤出来。要解决这种困境，方法就是提前把孩子生出来，让尚未发育完全的孩子到子宫外面继续成长。这就对人类的发展造成了两个重要的影响：即刚出生的孩子不仅会面临许多风险，而且需要父母更多更好的照料。

　　这种完全不能自立的表现意味着要测验孩子的认知能力是非常困难的。许多早期的哲学家和心理学家并不认为孩子只是难以测量和难以了解。他们认为孩子们是一无所知的，因为他们看起来对任何事情都无能为力。如果这种观点是对的，那么孩子们究竟是如何开始学习的？他们怎么知道从何开始？

　　在20世纪30年代，认知发展研究的先驱之一皮亚杰表示，孩子并不是不能处理那些看起来十分艰深的任务，实际上，他们从出生的那一刻就对这个世界有了一些了解，他们的心智（也指他们的大脑）被设计得能够感知某些事物，并对它们做出反应，而且这种经过设计的结构能引领他们沿着适当的进程发展。皮亚杰认为，孩子的大脑并非只是一个等着经验来填充的空荡荡的容器，他们早就准备好接触这个世界了，并且能积极地与世界交流。他们使用这些能力阶段性地建立起自己的知识体系：用前一个阶段获得的能力搭建一个平台，使下一阶段更加精细的知识得以更好地建立，最终对世界形成了以符号为基础的理性的理解。

　　近年来，许多人重复了皮亚杰的经典研究，对皮亚杰关于儿童发展的观点进行了一些修正。然而，皮亚杰的下述想法经受住了时间的考验：孩子的心智最初就拥有了一种结构，孩子再以此结构为基础建构自身的知识体系。这个想法主要是通过对非常小的婴儿所做的具有启发性的实验研究来证明的。解开孩子内心的那把钥匙就是橡胶奶嘴。当孩子对某一事件或物品越感兴趣时，他们就会越用力地吸吮奶嘴，这反映了孩子唤醒水平的升高。同样地，当孩子对某一事件或者物品越感兴趣时，他们注视的时间也会越长。一旦研究人员明白了婴儿的这种反应的可靠性，该怎么设计实验以及如何让孩子"回答"实验者设定的题目就变得明确起来了。

这类实验最基本的设计被称为"习惯化—去习惯化"。给婴儿重复呈现同一种刺激，直到婴儿吸吮奶嘴的强度不再增加（用正式的术语来说，孩子已经"习惯化"了），之后再给孩子呈现另一种刺激，如果孩子能感知到这个刺激与之前的不同，表示他"去习惯化"了，会再次表现出用力地吸吮奶嘴。从另一个角度说，如果孩子没有感知到这个新刺激的差异或者它不正常的地方，"去习惯化"就不会发生，因此孩子不会增加吸吮的强度。

运用这个实验设计，包括 Elizabeth Spelke 和 Karen Wynn 在内的发展心理学家都得出了这样的研究结果：非常小的孩子可以理解物理概念，比如重力、固态性和物体永存性（指的是两个物体不能同时存在于同一个空间里）。举例来说，录像里播放着一个球从一个平面坠落到地面，婴儿对这个录像习惯化之后，再给他们看另一个录像，该录像播放的是一个球被放在平面上，平面被翻转，但球依旧悬浮在空中。这时孩子会立即出现去习惯化，长时间地盯着这个不可能事件，而相比之下，盯着播放正常事件的录像的时间则明显较少。这表明孩子知道球应该坠落，而且他们会对没有坠落这件事感到"惊讶"。孩子也展现了他们可以进行简单的数学运算的能力。给孩子呈现一个场景，将一个玩偶摆进一块幕布后面，之后再摆进另一个玩偶，然后把幕布抽开，如果只有一个玩偶站在布幕之后（不可能事件），孩子注视的时间会显著增加，而如果布幕后面是两个玩偶（如同预期），孩子的注视时间则相对少了许多。也就是说，他们似乎"知道" 1+1=2，当总和不正确时，他们会很惊讶。

研究人员通过这些实验提出，儿童进入这个世界需要具备三种基础知识，包含了物理、生物和心理领域。当然，这不是说儿童能够掌握这些知识，能够对物理学进行"研究"，而是说他们能够以一种一致于世界运作的方式来对特定的刺激产生不同的反应。有了这些基础知识，孩子对世界的理解会通过一种由进化选择而来的特定方式发展，以确保他们在发展为成人的过程中表现出符合适应性的行为。没有这种基础结构的约束,孩子将不知道从何开始理解周围的世界。如同科学家们建立理论来指导自己的观察和实验一样,孩子也会利用自身对世界的基础理论来指导自己的学习。如果科学家只是随机地收集数据,然后从这些混乱的结果中随意拼凑出一个理论,那么自然科学永远都不会进步。同样地,如果孩子没有这种"理论建构"的机制来指导他们学习那些与对世界的理解相关的事情,他们也无法进步。

在本章里,我们着重关注心理学领域,不仅是因为它切合本书的主题,而且也因为这是一个很好的机会,可以让我们了解到我们的许多心理特质有着久远的历史。尽管文化和语言对人类发展有着关键的意义,但是与其他灵长类相近的生物特质才是使整个人类进化的首要的适应性产物。

这是一个值得重视的问题,如同我们在第二章讨论的那样,我们现在所表现的心理机制是在"进化适应的环境"下被选择出来的,而这是一些进化心理学家进行研究的前提之一。我们的进化历史不是只有最近的几百万年,时间上还可以再往前延伸,而且在我们的猿猴类表亲中也能发现我们所拥有的许多心理适应性产物的踪迹。使用比较的框架(comparative framework)来检视人类心理的发展,不仅可以看出我们究竟有多少重要的特质也出现在远古的祖先身上,而且还能看出我们的特质与文化环境如何交互作用而最终形成了我们特殊的社会认知能力。

通过我们的眼睛

出生几分钟的孩子更有可能去注视面孔状(有类似眼睛的图形)的刺激,而不是去注视混乱或者随机的图形。对 2 个月大的孩子进行相同的测验,发现他们同样也是对面孔状的刺激注视了更长时间。这些实验研究了孩子对物理领域的理解,同样也展现了这样一个事实:非常小的孩子,即使刚刚来到这个世界,也对这个世界具有一定的了解,比如这个实验中就存在对他人的一个基本理解。许多研究人员,比如剑桥大学的 Simon Baron-Cohen 指出,这种探测和注视眼睛的能力是大脑的硬连接,就像反射动作一样,在婴儿出生时就拥有了。

然而，其他的研究证明，孩子实际上是喜欢"上下不对称"的视觉刺激（大多数的图案集中在顶部，而不是在底部）。这个观点认为，孩子并不是偏好眼睛或面孔，而是偏好所有顶部密集的图形，这样的能力可以引导他们去注意面孔，因为面孔（尤其是妈妈的）是他们能看到的东西中出现得最为普遍的。事实上，在孩子非常小的时候，识别和理解面部表情的能力是很差的，这就表明他们需要通过学习才能辨别面部细节。

对猴子的神经生物学研究表明，在物体识别的实验中，不断地给猴子呈现特定刺激，让猴子对这个刺激不断地做反应，那些被激活的神经细胞群就会慢慢地进行调整，当它们再面对这个刺激时，细胞的激活程度会越来越专化（也就是说，不太可能对其他类似的刺激做出反应）。孩子似乎和猴子一样，大脑中也有类似的区域，渐渐发展出对面孔和目光的专门化反应，使他们在之后的成长中能更精准地识别面部表情和目光朝向。

对灵长类的神经解剖显示，有两个地方使专注于面孔的能力成为了可能。圣安德鲁斯大学的 David Perrett 对恒河猴的研究表明，大脑前颞上沟（anterior superior temporal sulcus）的神经元对特定的刺激有着非常特殊的反应。举例来说，有些细胞只对面向左侧的头部有反应，而对其他朝向的头部没有反应。还有些细胞只对面孔、面部表情和目光朝向（特别是直视的目光）产生反应。有些细胞只对生物体的运动有反应（即生物体做出的动作，而不是无生命物体的运动）。

第二个重要的地方在于，灵长类的视觉系统有两条不同的通道，可以将视觉信息从大脑后部的视觉区传递到额叶，也就是信息进一步加工的地方。大细胞系统（magnocellular）专司运动的侦测工作，所有哺乳动物都拥有这个系统；而小细胞系统（parvocellular）主要分析微小的细节和颜色，这是灵长类独有的系统。大细胞通路经行大脑的背侧区（顶部）；而小细胞通路经行大脑的腹侧区（底部）且与杏仁核（amygdalae，一对状似杏仁的结构，深埋在颞叶之中，与感知觉和情绪加工有关）连接。杜伦大学的 Robert Barton 指出，灵长类的视觉细胞只有在白天才会被激活，小细胞层的细胞数量与社群大小有着负相关，而大细胞层的细胞数量与社群大小没有关系。Barton 还指出，在灵长类的进化中，小细胞层会越来越大，这是为了加工动态的社会刺激中更加细微的细节，比如面部表情、目光朝向和姿势。小细胞系统与杏仁核的联结也非常重要，可使情绪的"识别标志"转化为信号。

人类儿童和他们的灵长类表亲一样，似乎也因此发展出了对社会化视觉信息做出反应的能力。然而，如同婴儿时期的发展一样，人类儿童以一种自身对社会化刺激做出反应的方式产生了有别于灵长类表亲的发展方向。9～14 个月大的时候，人类婴儿的关注面孔状刺激的偏好逐渐发展成追随成人的目光以及看其所看之处的能力。此时，他们身上开始出现一种被称为**联合注意（joint attention）**的现象，借由这种能力，他们利用他人的目光方向也将自己的注意放在相同的物体上。他们还会开始拥有共享的联合注意（shared joint attention），这时他们会将目光从物体转移到他人身上，并且来回移动，以确定自己和他人都在关注同一个物体。此外，到 14 个月大时，儿童具备了指引成人的注意到自己正在看的物体上的能力（比如用手指着），让成人的注意与自己的协调一致。这表明人类儿童不仅能够调整自己的注意与他人的一致，还知道如何将成人的注意调整得跟自己的相同。

尽管这种能力看起来有点小儿科，但是其他灵长类似乎都不具备这样的能力。在野生的猴和猿身上，从来没有发现过它们指着一个物体来吸引其他个体的注意到该物体之上。不论是母亲还是孩子，都没有表现出任何拥有共享注意的证据。虽然母亲照顾孩子，给它们理毛，总是背着它们行走，但是猴和猿的妈妈几乎没有花一点时间去看它们孩子的脸庞，这与人类是完全相反的，人类亲子之间总是非常愿意花大量的时间盯着对方的眼睛，与对方进行"交流"（通常只是互相交换面部表情）。

9 个月大时通常也是父母开始讨论他们的孩子正在如何发展自身人格的时候，显然这不是巧合。因为在这个时候，父母会发现孩子做出了更多的回应，并且还有了通过共享注意与父母相互联系的能力。这就让父母感觉到孩子更像一个正常人，而不是一个只会吃和睡的机器。

文化棘轮

共享注意的能力应该是人类最与众不同的特征。我们现在介绍的理论来自 Michael Tomasello，一位发展心理学领军人物，他甚至认为共享注意是人类拥有的最重要的认知技能，这种技能可以将我们和其他动物区分开来。他提到，人类婴儿在 9 个月大的时候能理解他人是一个有意图的个体（也就是带有意图表现出特定的行为），这样的个体所拥有的观念可以被遵循、被探测以及被分享。换句话说，人类婴儿可以识别出他人的心理状态，并对此做出反应。Tomasello 之所以把这个能力当作最重要的认知技能，正是因为有了这个能力就能学习其他所有的一切。为了成为合格的人类，儿童需要发展所有与共享注意相关的基础能力，让自己能与其他人产生联结，从而进入人类的文明世界。Tomasello 将这段时期称为"9 个月的革命"。根据这个观点，儿童和所处的文化环境之间的交互作用将使自身的认知技能得以发展，最终成为一个语言能力、模仿能力、移情能力和合作能力发展健全的人。

这个过程是如何发生的？其实非常简单，一旦儿童开始分享意图，一个反馈循环就建立起来了，婴儿越会回应，他给大人的反馈就越多，大人也就会花更多的时间和精力在其身上，因此婴儿获得的刺激就可以增多，进而增强其回应能力。Tomasello 称这样的过程为"棘轮效应"，当儿童获得一组技能时，就会改变大人与他们交流的方式，儿童因此可以被引导到更加成熟的交流形式当中，从而获得更多的技能。Tomasello 的研究是建立在维果斯基（Lev Vygotsky）的理论之上的，维果斯基是一名苏联发展心理学家，率先提出社会世界对儿童认知发展具有重要意义的观点，并且认同皮亚杰的观点，他也认为儿童对新知识的建构是建立在早期发展阶段所获得的基础知识之上的。

Tomasello 认为，共享注意的能力是人类进化出的独特的生物适应产物，而其他灵长类则没有发展出这样的能力。他还认为这是让认知棘轮进行运转的必不可少的能力。哲学家 Matteo Mameli 则认为，孩子共享注意的能力是棘轮运转的结果，棘轮开始运转的时间比 Tomasello 认为的还要早，而且共享注意的能力可能是与之交往的成人表现出的"期望效应"的结果。成年人有着非常好的读心能力：我们很容易推断和归因他人的心理状态（比如信念和愿望）来解释他人的行为。这种读心能力形成了 Mameli 所界定的"心理塑造"，即你拥有的有关于他人的信念能够让这个人做出与你的信念相符的行为。举例来说，如果你认为你的朋友约翰在生你的气，你或许会发现自己正在对约翰表现出更具敌意和防御性的行为，而你的敌意可能会使得约翰对你感到愤怒，即便他一开始根本没有生你的气。期望效应还有另外一种说法比较为人熟知，即"自我实现的预言"。

Mameli 主张，儿童可能不是一开始就拥有共享注意的能力的，他们只是对面孔和眼睛做出了简单的反射性反应而已。孩子的这种行为会让大人相信、希望和期待孩子想要和他们进行交流，因而让大人对孩子做出某些举动（捕捉目光、做鬼脸），孩子会对这些动作进行学习。孩子能从大人的眼睛和面孔中学习到有关于这个世界的信息，最终他们学会了如何共享注意。大人认为孩子想要跟他们交流，这种信念就是一种自我实现的预言，而由于这种信念（不论是正确的，还是错误的），他们行为的表现方式就能让孩子获得共享注意的能力，故而能与他们进行交流。Tomasello 认为棘轮的运转是在儿童获得共享注意的能力之后；而 Mameli 则认为棘轮运转是在获得该能力之前，是从和婴儿互动的大人发出的行为开始的。

Mameli 将这个过程描述成一个生态位构建的例子。通过与环境的交互作用，有机体改变了环境，从而调整自身和后代的选择压力。人类生态位的一个重要组成部分就是他人，人们可以通过塑造心理的期望效应调整其他与我们相互影响的人们的生态位。他人的心理就像是一个可靠的、可重复利用的发展性资源，人类儿童需要通过这些资源长大成人。相对于孩子实际拥有的能力来说，这种认为"孩子拥有与他人交流的能力"的信念可能在很大程度上推动了 Tomasello 棘轮的前进。

这里最要的问题是：所有这一切是如何开始进行的？如果说没有已经存在的塑造心理的大人，儿童的读心能力就不能发展，那么读心能力最初是怎么进化来的呢？Mameli 的回答是：关于读心，只需要一个非常基本的能力，即家长能从孩子的行为中看见能让他们相信孩子正在试着交流，并且能做出回应的东西。只要有这一点，其余的就依靠自我实现的预言来完成。如果这种发展经验的差异性使得后代拥有了更好的心理技能，家长会更加相信自己的孩子是如此，或许还会出现更大的期望效应，这就对孩子的发展有着更大影响。读心和心理塑造能力的进化或许就作为生态位构建的经典例子而进行下去。心理塑造的生态位构建特质将会与对心理塑造做出反应的特质（比如联合注意）一起进化，形成一个相互强化的反馈过程，将进化的螺旋线连往全人类共有的读心能力，这种能力目前是正常人类发展的最重要的一部分。

妈妈总是对的

一旦儿童具备了联合注意的能力，他们就会开始利用社会参照（social reference）来指导自己的行为。这句话的意思就是，孩子会判断他人（通常是妈妈）对待环境中的某一物体的态度，然后利用这个信息对相同的物体表现出相同的态度。当儿童对一些事物（比如新玩具、陌生人）不确定的时候，他们会迅速看向母亲，并且目光会在物体和母亲之间来回移动，去读母亲的表情。如果母亲表现出任何怀疑或者恐惧的表情，孩子就不会去玩那个物体。而如果母亲表现出微笑，并且鼓励孩子，他们将会开心地探索这个有趣的新玩具，或者接近这个陌生人。孩子的行为完全取决于母亲的表情。

还有另一种行为，大概在儿童 1 岁左右的时候出现，即模仿学习（imitative learning）。与猴和猿不同，人类婴儿显然可以识别出一个任务的目标与获得该目标所使用的方法之间的差异。也就是说，人类婴儿可以理解成人为何使用不同的行为来达到相同的目的（比如，常用的方法不可使用了），而且不会把新方法看作达成目的的固有方法。因此，通过识别出目标指向动作和无意义动作之间的差别，16 个月大的婴儿会更多地模仿有意图的行为，而不是偶然的行为。到了 18 个月大的时候，当他们看到大人正在试图做某件事时，他们会复制大人正在试图做的动作，而不是去做大人实际要做的事情，也就是说，婴儿不会在看到成人表现失败的任务中做出成功的表现。

由于模仿学习伴随着联合注意和社会参照能力，因此 Tomasello 将其看作"心理能力的标志"，体现了儿童将他人理解为有意图的个体，知道他人目标指向的动作与自己在相同环境下的动作是相同的（表现出自我—他人等价性）。人类婴儿因此具备真实模仿（true imitation）的能力，他们能够理解一连串动作背后的意图，并且准确地重复这些动作。

如我们在第二章所提及的，远古的人类物种显然不具备这种能力，直立人的手斧应该只是通过效仿学习（emulation learning）而生产出来的器具，这指的是他们能够完成同样的目标——生产出一把手斧，但是使用的生产方式是不同的，这种情况阻止了经由相同的棘轮效应产生的文化学习，因此无法推动社会的发展。Tomasello 认为，真正的模仿能力的出现才促使我们所认为的文化行为出现：即通过理解任务的目的和使用的动作的顺序，儿童终能明白一个物体在他们的特定文化中的含义。他们通过集体协议而不是通过随机事件或突发奇想，开始认识到物体被赋予了一定的功能。

让我们来假装

这就使儿童开始学会假装游戏这件事变得更加明确了。大约从 2 岁开始，他们开始可以把香蕉当作电话，或者举行洋娃娃的下午茶派对，他们会不小心把"茶"洒在其中一个娃娃身上，然后将娃娃擦干，因为娃娃"被水溅到"了。当其他人正在假装的时候，他们也能明白和理解，并且会高兴地加入这个游戏。当和成人一起进行这类活动时，儿童逐渐明白他们自己的观念以及其他人观念的改变能够更改一个物体的功能（"香蕉在这个游戏里只能当作电话"）。根据 Tomasello 的观点，这是一个非常重要的文化过程，因为学习用玩具来进行假装游戏是一个"社会制定的过程"，成人和孩子通过集体协议，随时给一个物体创造功能。我们会在之后涉及文化的章节回到这个问题来，在那里，与客观事实相反的、由社会制定的观点可以被看作人类文化关键的定义性特点。

因此，2岁的孩子可以理解他人的注意和意图，并且利用这些理解来获得对世界的认识。语言能促进这个过程的发展，我们在第三章提到过，孩子在18个月大的时候就开始飞速地获取知识。此外，尽管语言是一个复杂的认知功能，但它来源于儿童的共享注意能力。儿童开始学习事物名称的时候，会将听到的声音和自己与妈妈同时看向的物体联系起来。更重要的是，他们开始明白，语言是"双向的"，或者说是社会共享的。当大人发出某种声音时，儿童就能明白"大人正试图将我的注意力转移到某个物体上"。他们同样还能明白，如果想让大人一起注意同一个物体，可以使用这个声音来达到相同的目的。

2岁时，儿童还发展了一个很重要的能力，他们能够意识到他人对某些事情的观点可能与自己的不一样。当别人无法明白他们所提及的东西时，他们就会纠正自己的说法，使用更贴切的词语（比如，从"那个男人"变为"那个警察"）。这些能力都源于"9个月时的革命"，用进化的观点来看，这也许是儿童时期最重要的认知革命。

读心

儿童到了4岁，不仅能够理解人们都是有意图的主体，还知道他们也都是具备心理状态的主体（mental agents）。之前他们理解诸如注意和意图这种简单的心理状态，但现在他们开始理解更加复杂的心理，比如信念和愿望。因此，他们能意识到人们的行为是由某些东西驱动的，也就是人们相信这个世界应该是某种样子，而这种信念并不总是与实际相符。这就是通常所说的（也许还带点误导性的）**心理理论**（theory of mind）。

心灵哲学家将这种能力中所包含的认知过程称为**意向性**（intentionality）。根据哲学的理解，意图涵盖着诸如信念、企图、猜测、推断、需求等心理状态。意向性，或者说是有意图的立场（intentional stance）指的是一系列层级化的反射性心理状态。知道自己心理状态（"我认为……"）的有机体被认为拥有初级意向性；持有关于他人的心理状态的信念（"我认为你推测了……"）的有机体则拥有次级意向性；三级意向性指的是有机体有着这样的信念——关于他人对自己心理状态的信念（"我认为你推测到我打算要……"）。心理理论相当于次级意向性。

错误信念任务（false belief task）是一项经典实验，发展心理学家以此来测查儿童是否拥有心理理论（明白他人是具备心理状态的个体）。它被认为是心理理论能力的一个基准，因为只有当孩子能够将自己和他人的信念区分开，才能够正确地完成这个任务。在这个任务里，根据自己拥有的知识来推测他人的信念是错误的，这就需要拥有关于他人信念的理念。

经典的错误信念任务就是著名的"萨莉－安测验"，萨莉和安是两个由实验者操纵的玩偶，实验里，萨莉将一个球放进一个篮子里，然后离开了房间，当萨莉离开之后，安将球从篮子里拿出来，然后将球藏在一个箱子里。之后，实验者会问孩子："当萨莉回到房间时，她会去哪里找她的球？" 4 岁以下的儿童无法正确回答，他们都会说萨莉会去盒子里面找球。他们不能够正确地设想萨莉的观点，不能够理解那个与现实不相符的心理状态。然而超过 4 岁的儿童几乎都能回答正确，他们会说出"萨莉到篮子里面找球"的答案，因为萨莉认为球在篮子里，而不是在盒子里，虽然儿童自己知道球被藏在盒子当中。

许多发展心理学家，比如 Josef Perner 和 Janet Astington，认为这种认识的转变是儿童认知发展最重要的一场革命。特别是 Perner，他认为在这个年龄，儿童的知识体系进行了一次重要的重组，所以他们能把心理表征理解为一个过程。尽管 2 岁的儿童能够理解表征是心理实体（也就是"想法"），但是他们不能理解表征同样也是心理实体在人们内心形成的一个过程；他们知道人的内心拥有想法，但是他们不知道人们是如何获得这个想法的。因此 2 岁的儿童不能理解错误表征——有些人的信念是错误的——因为他们的头脑中意识不到一个人所建构的世界，他们只能所见即是。所以，2 岁的儿童可以理解鲍勃有一个蛋糕的表征，但他们不能理解鲍勃将蛋糕表征成了一个正放在冰箱里的蛋糕（也就是鲍勃形成了一个关于蛋糕位置的信念）。而 4~5

岁的儿童在这类问题上不会有任何问题。

然而，Tomasello 并不同意这个观点，他表示，在生命最初的 2 年里，所有真正困难的工作都已经被完成了，也就是在这个时候，儿童知道了许多重要的事情，比如他人看到了什么，做了什么，企图做什么，以及注意着什么。Tomasello 认为，并不是一个象征性的革命在儿童 4 岁的时候突然出现了，儿童在"9 个月大的革命"之后，通过几年的时间与成人持续交流，尤其是以语言为基础的互动，逐步理解了复杂的心理状态。

他表示，4 岁儿童能做到的并不是他们能够明白他人的信念与自己的不同，因为他们在 4 岁之前就多少能明白这一点，在此之前他们就能够使用适于他人感知的语言；而 4 岁时他们能做到的是拥有"现实本身"（reality itself）的概念。也就是说，他们能够理解，一个客观现实是独立于自己和他人的信念而存在的。现实既不是他们自己当下的观点（还可能与他人的观点冲突），也不是他们与他人共享的观点，现实是一个"不知从何而来的观点"——不依赖任何一个人的观点而存在的观点。

Tomasello 认为，当儿童能够明白该如何整合客观现实、主观信念和与他人共享的信念这三个内容时，才能很好地理解错误信念的概念。一旦孩子明白了这个，他们就能够意识到他人的观点与自己的有怎样的不同，与真实世界又有怎样的不同。

他还认为，4 岁的儿童开始理解某些与世界有关的事实，不仅是在与他人进行社会互动时创造出来的（比如当他们与大人玩假装游戏的时候），还是在自身所处的文化中，通过共享信念和实践而形成的产物。因此，他们从 Tomasello 所说的"共享意图性"转变成"集体意图性"。举例来说，2 岁的儿童不能理解结婚或者金钱的概念，因为他们对世界的理解还太少，并且受到限制，所以无法掌握他们观点中的概念，不能时时刻刻地与他人进行共享。相反地，4～5 岁的儿童通过他们最新获得的对现实的理解，开阔了自己的视野，他们知道有些观点已经是超越自己的、超越个人的、超越交互作用层面的，它们已经是在所处的文化中被所有人共享的。这个时候，儿童开始丧失强大的自我中心——自我中心在此之前是儿童最主要的特点——儿童不再为了"我"而存在，而是开始为了"我们"而存在。

到了6~8岁，儿童已经获得了许多能力，使自己在自身的社会和文化世界里游刃有余。当然，发展还在继续着，而且延续至终生，我们会一直活到老学到老。然而，那句古老的耶稣会名句（第三章开头提及的）说得有一定道理：生命最初的6年是我们获得关键技能的时候，我们需要这些技能，才能进入并且创造人类的文化。如果错过了这段时间，我们或许永远都不能成为社会中功能完整的成员。

共享注意这项重要的认知技能的雏形在我们灵长类表亲的视觉认知中已经出现，为我们进入和存在于不同的发展阶段创造了条件，并且在9个月大时候，我们就已经拥有这些能力了。从这时开始，生物的发展就不可能与社会的发展脱离了。如果没有儿童与所处文化交互作用所形成的棘轮效应，将不可能产生人类的心智。我们最核心的本性被包含在教养我们的方式中，并且不能与之脱离。就如同因为你做的是蛋糕，所以它就是蛋糕一样。

小结

儿童理解他们所处社会世界的能力需要从灵长类祖先那里传承下来的进化适应产物、来自其他个体的心理塑造的影响和儿童自身所处的文化这三者相互作用。人类婴儿带着对世界的基本认识来到这个世界，这些知识建立于自己和他人的行为之上，而且被这些行为所塑造。到9个月大的时候，人类婴儿开始拥有与人进行社会交往的能力——联合注意，而其他的灵长类都不具备这种能力。有了这个能力，人类儿童对社会的理解逐渐增多。由于"棘轮效应"，每个阶段所获得的知识都能为下个阶段建立一个平台，从而让儿童获得更精细、更丰富的知识。通过联合注意，儿童学会了模仿和假装游戏。最后，儿童到5岁的时候能够对自己进行读心，开始理解自己对世界的信念与这个世界的真实情况是两件非常不一样的事情。

第五章

配偶选择

在第三章和第四章里,我们讨论了儿童的认知能力及其发展方式。然而,儿童的发展是一个漫长过程的终点,这个过程掺杂了父母的很多复杂决策,其中包括他们应该生多少个孩子,以及他们要给每个孩子多少关爱和照顾。但在父母开始进入这个过程之前,他们必须同意选择对方作为自己的配偶。或许可以这么说,这是我们人生中最重大的两个决策,现在我们来详细地讨论它们。虽然在下一章才会对亲缘投资决策做更多细节性的阐述,但在讨论配偶选择的过程中,也很难完全避免提及这个话题,因为对后代投资的意愿是我们选择配偶时所使用的评判标准之一。

配偶选择决策不是随便扫一眼房间里的人,随机选择一个与自己的性别相反的个体,然后与之组建家庭,拥有一些孩子。配偶选择是一个需要协商的、依靠许多因素做出决策的过程。从一方面说,即便你只是想找一个人来宣告你那永恒的爱,你也不能保证另一半对你也有相同的感觉。人们都有自己的喜好和厌恶,你拥有的那些特质可能完全不同于他们心目中所想的。

在进入配偶选择的具体细节之前,很重要的一点是列举出这些细节的制约,以及这些细节发生作用的情境。

古生物学上的约束

不知是好是坏,我们身为哺乳动物的这件事造成了两性间的繁殖成本不对称的结果。这种不对称对雄性和雌性的性别策略有着深远的影响。在恐龙灭绝之前（大约 6500 万年前），以及第一个原始人类小心翼翼地踏上非洲平原的很久之前，当雌性选择了体内怀孕和分泌乳汁时，我们的哺乳动物祖先就让我们站上了一条不可偏离的道路。这就决定了雄性哺乳动物的命运——它们只须付出比精子多那么一点的贡献，就可以经营它的繁殖事业。另一方面，雌性则要先孕育胎儿，胎儿出生之后，还要以乳汁来为其提供养分和能量，供其生长的需要。

在繁殖过程中，两性最明显的差异表现在：各自如何看待配偶选择这场交易。雌性一旦怀孕，在这段时间，不论与多少雄性交配，都无法再次怀孕。这种多余的交配对她来说不仅不能增加其所能拥有的后代数量，还可能对她和她的孩子造成危害。而对于雄性来说，情况就不一样了，他们繁殖的投资成本是非常低廉的，他们的主要任务就是保护交配过程，贡献那些易被取代的精子。只有尽可能多地与未受孕的雌性交配，雄性才能提高自己的适宜性。雌性更注重孕育的过程，确保这段长期投资一切顺利；而雄性则更重视交配的机会。

这种性别的不对称导致了几个重要的结果。首先，雌性如果在配偶选择中做了错误的选择，她们会受到更大的损失，因此她们需要比雄性更慎重地进行选择。而如果雄性做了一个坏选择，他顶多损失了一些时间和一点精子而已；相反地，雌性就要承担所有的包袱。如果是人类女性，每一次怀孕都占据了她们生育期的重要时段，而且她们的卵子的数量和可生育期都是有限的。其次，90% 的哺乳动物是一夫多妻制，也就是一个雄性搭配多个雌性，雄性会花很多时间和精力来保护自己的雌性，避免其他竞争对手接近。然而，一夫一妻制非常少见（只有犬科动物实行这样的规则）。

而对于人类来说，这种情况不是这么简单的。人类的婚配制度并不全然实行一夫一妻制，但在养育后代这件事上，男女双方会有更多的合作，这是由于人类的后代发育得慢，依赖期也长（因此拥有大容量的脑）。人类男性多少因为自身能力的限制，使他们很难在有伴侣的条件下再觅更多的良缘，因此，他们会把高**生育能力**（fertility）作为选择配偶的一个标准。

有色眼镜下的世界

　　从纯生物学的观点来看，女性应该从男性那里寻觅些什么呢？考虑到如此高昂的生育成本，她们应该优先选择能够一起成功抚育孩子的男性。这就会导致两个结果。一是男性基因的品质，品质较好的基因通常能繁殖出品质较好的后代，或者能使繁殖更容易获得成功（进化生物学家认为选择"好的基因"，指的是有益于后代生物品质的基因，而不是从道德或社会价值标准来做判断）。二是男性育儿的能力和意愿——直接地说，就是对孩子发展的贡献；间接地说，就是能为母亲和孩子提供多少供给。女性要如何平衡这两个方面，完全取决于哪个方面更能让她们拥有成功地抚育孩子的能力。

　　如果女性的配偶选择需要考虑男性的基础遗传品质，那么我们应该能发现一些具有预测性的信号，比如身体的对称性、对称的面貌特征以及气味（这些标准对鸟类和其他哺乳类的配偶选择也很重要）。

　　另一方面，如果女性的配偶选择以男性抚育孩子的能力作为基础，那么这种标准可以是下列两种形式之一。要提高成功抚育孩子的能力，根本上还是取决于现在或将来能够提供的资源，这是最重要的一个方面。在传统的狩猎采集社会，这样的资源可以是男性的捕猎能力；而在农业和工业社会，这较有可能指的是男性拥有的财富和社会地位。我们十分清楚，在当今的工业社会中，家庭财富直接影响了孩子的患病率和死亡率。并且在传统和前现代农业社会里，也有很多这样的证据，证明家庭的土地资产（通常由丈夫继承而来的）是孩子存活的最佳预测器。

　　然而，对抚育的投资并不局限于这种间接投资。这是一个漫长的社会化过程，教育孩子如何成为对社会有用的人，以及尽可能地将他们置于社会上最有优势的位置，都是很好的投资方式。因此，一个男人即便没有很多的财富，但具备成为一个好家长的品质，或许仍是充满吸引力的。

　　女人不仅应该寻觅提示了这些品质的可靠信号，还应该多考虑男人的动机和承诺。一串闪亮的钻石项链不能保证他在往后的10年或20年仍对你始终如一。由于人类的发展实在太慢了，对孩子的亲缘投资最好一直持续到孩子 20 岁，甚至 30 岁的时候，因此，长久的承诺与投资能力同样重要。这种长久承诺的信号包括男性对一段关系的投入，还包括一些可以维持这段关系的特点（比如体贴、有幽默感、是很好的聆听者）。

如果这些特征是女性想要在男性身上找到的，那么男性应该在女性身上找到什么呢？由于一夫一妻制（大多数人类的婚配制度，但是有 80% 的文化允许或者赞同一夫多妻制）限制男性在婚姻中只能有一个配偶，所以他们应该要敏感于女性生育能力的指标。他们将要（理论上）与唯一的女性相处很长时间，而失去其他的机会，所以，他们会竭尽全力选择有最佳生育能力的女性。因此，男性会表现出更喜欢那些具备与生育能力相关的特质的女性，其中最明显的（高相关的）特质就是年龄和美貌。

人类女性的生育期比男性短得多，她会在绝经期来临时走向终点。在这样的条件下，如果男性在选择女性时考虑的是她们的生育能力，那么年轻的女性要好于年长的。出于同样的原因，当男性可以与多名女性结婚时，他们将会用"更年轻的女模特儿"来取代现在的老婆，这就使得男性逐渐将选择目标放在比自己年龄还要小的女性身上。这个假设是真实存在的，即便在现代的西方社会，法律规定人们必须实行一夫一妻制，但是离婚和重婚让男性（和女性）成为了连续型的一夫多妻者。在这种连续的关系下，男性（女性则不一定）将会追求更加年轻的伴侣。

如果这些品质是男性和女性各自寻找的，那我们该如何发现最完美的配对呢？有许多方法可以检验真实世界中配偶选择的决策，我们将讨论其中的两个。首先，我们需要做一个重要的划分，配偶选择偏好和配偶选择决策是两个不同的概念。这个差异取决于一个事实，即双方都有各自的偏好。比如，我喜欢你，远远不能说明你也喜欢我；虽然你已经接近我心目中的完美，但我可能配不上你；我不够完美，但你还是勉强接受了我，是因为你没有更好的选择；或者，你之所以勉强接受我，是因为在权衡之下，我拥有了这些品质的最佳组合——没有足够多的财富，但也没有太糟糕的遗传品质（比如缺乏生理上的吸引力），或有着坚定承诺的信号。

开盘下注

进化心理学家有许多检验配偶选择偏好的有效方法，其中一个就是分析征婚广告。这些广告里包含着广告刊登者的信息，以及他们正在寻找的对象的信息。婚姻数据体现的是人们最终做的决定，然而征婚广告与婚姻数据不同的是，它提供了揭示人们理想偏好的机会。征婚广告在这方面被描述得像是一场婚配游戏的"开盘下注"，或者像是"赤裸裸的配偶选择"。广告总是打着这样的旗号："这是我理想的伴侣，这是我想要的。"

对全世界的征婚广告进行分析显示了配偶选择偏好的一致模式，这些模式十分符合进化的第一准则。通常，刊登广告的女性重视两个信号，她们希望寻找到符合这两个信号的男性，即他们要有财富或地位，以及愿意对两人的关系进行投资。相反，刊登广告的男性则主要重视女性生理方面的吸引力，也就是女性生育能力的可靠信号（至少在传统社会中没有化妆品和整形外科的优势）。

重要的是，男性和女性所刊登的广告之间有一个很相近的对应。人们对寻找的伴侣所要求的品质通常是异性广告刊登者（也就是目标对象）自我描述的一面镜子。举例来说，当男性表达出偏爱有着某些生理特点的女性时，女性在自我描述中就会着重强调这些特点。反之，男性也倾向于刊登那些大多数女性所要求的特质。

征婚广告还有另外一个明显且一致的模式，即对未来伴侣的年龄偏好。女刊登者寻找的男性通常比自己年长 2~5 岁；而男刊登者寻找的女性则越比自己年轻越好。在西方社会，最受欢迎的女性年龄是 27~28 岁，因为这是西方女性初次生育的最佳年龄。

真实人生的逆境

如前面所指出的那样，我们想要的不一定就是我们能得到的。谁也不能保证我们所拥有的（或者广告上描述的）特质就是我们的理想伴侣所寻找的。这就形成了行为进化分析的一个重点：人们该如何做出行为表现的决策始终取决于环境。在配偶选择的决策中，我们吸引理想伴侣的能力将取决于（至少部分取决于）我们在配偶选择市场中的个人身份。在洗衣粉销售中所展现的经济学供求法则同样也适用于婚配市场。

由于青春和身体吸引力与生育能力有关，而生育能力正是男性所寻求的，因此一个年轻、有吸引力并且健康的女性更有讨价还价的权力，而那些不怎么具备这些特质的女性拥有的权力就相对少了许多。同样地，更富有或者更有地位（女性要求的特质之一）的男性，相对于那些没有这些特质的男性，也更有资本、更可以去挑剔未来的伴侣。

事情的确如此。Bogus Pawlowski 和 Robin Dunbar 利用征婚广告进行研究，得出了这样的结果：不论男女都对各自的"市场价值"很敏感，而且会不断地调整寻找伴侣的要求。他们还发现，同样也是不论男女，市场价值（供求比）与对潜在伴侣所需特质数量的要求有着显著的正相关。在部落社会中，男性要向新娘的家庭支付一笔聘金，这也是相对市场价值发挥作用的一个例子。聘金数额的不固定性可以认为真实反映了新娘的价值，越年轻、越健康的（可能有更好的生育能力）女性，能得到的聘金就越多。顺便一提的是，在许多社会里，无法成功生育孩子是离婚和返还聘金的主要理由之一（而且是法律允许的），这也是西方社会里离婚的主要预测器之一。

对实际配偶选择决策的分析印证了在配偶选择偏好里所发现的事实。全世界的婚龄差距几乎都准确反映了配偶选择研究报告里的模式，而且长期以来都是如此。对历史上全世界人口的婚姻数据调查发现了同样的模式：婚龄差距通常随着丈夫结婚年龄的增加而增加。对于女性来说，她们同样很明显地偏爱更有地位的男性，就是所谓的女往高处嫁（hypergyny，女性与社会等级联姻)。在一些历史抽样群体中，例如，19世纪在德国北海沿岸的农村克鲁霍恩，女性如果拥有与社会经济地位较高的人结婚的机会，她们会更早结婚；而如果对方只是与自己同等阶级，那她们就不会太早结婚。错过机会的女性反而会更晚结婚，因为她们想尽可能等到最合适的配偶降临；然而到了最后，她们或许只能尽自己最大的努力地去勉强接受一个男人，不让自己陷于"束之高阁"嫁不出去的境地。简·奥斯丁对英国乡村阶级的评述讲的就是这件事。

诚实的信号

在征婚广告中，广告刊登者可以无拘无束地对自己进行描述。人们通常认为刊登广告的人都是惯性说谎者。但若仔细地分析广告内容会发现，这个想法其实并不正确。确实，我们并不期望它是正确的，因为广告的目的就是让人们结识未来可能的伴侣，并且与之建立关系。或许会出现这样的问题：广告刊登者并不完全符合自己的描述，那些因广告而前来的人们非常失望。

但这并不是说广告刊登者没有破坏规则。在早期的求爱阶段，最关键的就是要在市场上好好待着，不要太早被踢出去。婚介机构不断地告诉客户，写出无人问津的广告是毫无意义的。因此，广告刊登者只罗列一切对自己有益的条件就不让人感到意外了。这或许会造成故意省略信息的行为：超过35岁的女人通常不会写出年龄，因为这会使前来询问的人数锐减。通过隐瞒年龄信息，这些年纪稍长的女人能对相亲对象提出更多的要求，因为她们知道，一旦与对方见面，成功的机会就会增大，对方将会因为她们的其他品质而忽略她们的年龄（更不用说一鸟在手，二鸟在林的道理）。另一方面，广告刊登者可能还会尝试用其他一些品质来取代某个配偶选择的标准，比如，没有资源财富的男性会提供更多的承诺信号，并且表示愿意接受对方与上一任配偶拥有的孩子（男性通常不能接受这一点，所以婚介机构都会建议已有孩子的女性不要提及孩子的事情）。

当然，一旦双方见面，男性就很难去要求他们无法确定的东西了——尽管从埃及艳后到现代女性，女人每年都会花费很多金钱在美容用品上，这是一个有力的证据，可以证明女性试图提高原有的吸引力，或者延缓不可避免的衰老过程。在对性选择特征的研究里，这些表示吸引力的真正信号在非人动物的性生物学和社会生物学中扮演着重要角色。**性选择**（sexual selection）是达尔文提出的第二种类型的选择。自然选择与两性的表型变异直接相关，因而提高了他们的生存和繁衍能力；而性选择则在个体作为一名潜在配偶时，提高了该个体的相对吸引力。性选择特征是对异性具有吸引力的特征，而且是配偶选择决策中的依据，因而它们很有可能被保留下来。性选择与自然选择特征不同，自然选择增强了个体的生存机会，性选择特征则提高了个体繁殖的可能性——甚至有时还会因此丧失其繁殖的能力。最经典的例子就是孔雀的长尾，孔雀尾巴的大小和醒目性使它更容易被掠食者发现，也让它更难从掠食者手中逃脱。然而，孔雀的成功繁殖也与它的尾巴有直接的关系，尾巴较大、眼斑对称的雄性孔雀更容易吸引雌性，是雌性优先选择的对象。雄性的这种"装饰物"在动物世界里十分常见，大多数被解释为性选择过程中雌性对雄性挑选后的结果。那么有没有证据表明性选择对人类的外表起了作用呢？

男性身高就是对女性具有吸引力的一种特征。高大的男性不仅被认为有着更高的地位，而且还能拥有职业上的优势，比如拥有更高的报酬和职位。女性认为高大的男性是更富有魅力的约会对象，而高大的男性也称自己有更多的约会。此外，还有人认为，高大的男性健康问题（比如心脏病）也比较少。所以，如果女性确实更偏爱高大的男性，那么从繁殖的角度来说，高大的男性的确优于矮小的男性。事实似乎也确实如此。有一些研究考察了男性身材和繁殖成功率之间的关系，结果总是高大男性的结婚和生育比例高于矮小男性。

女性对高大男性的偏好可以看作对基因品质的选择（如我们在第三章所述，身材是高遗传可能性的特质），但并不一定是由优秀基因所驱策的。这同样可以是对男性现在或将来的挣钱潜力（在传统社会和后工业社会中，男性的身材与财富有一定的相关性）或者男性家庭财富（与遗传无关，富有的父母会养出更高大的孩子）的选择。它还可以是对一个好婆婆的选择，丈夫的母亲能把自己的儿子养育得这么好，就说明她是一个优秀的育儿专家。但是很遗憾，我们目前还没有数据可以证明这些解释。

如果身高可以反映这么多遗传上的好处，那么为什么人群中的七尺男儿没有变得更多呢？答案就是身高的实际益处其实并不多。男性的身高如果非常高，那么他患肌肉骨骼和后腰疾病的风险就会增加。Daniel Nettle 对英国军人的研究表明，越高的男性越有可能患上影响工作的慢性疾病。还有另外一个因素可以对抗这种对身高的定向选择，即男女身高的相互吸引程度。近来的一个研究发现，男女都更喜欢这样一种搭配，即男性比女性高，这就制约了人们认为具有吸引力的身高二型性①的程度。再者，女性对自身选择的限制或许能阻止男性身高的无限飙长，原因很简单，因为他们最终要共享相同的身材基因。Daniel Nettle 发现，女性与男性不同，身高在平均身高或往下一点的女性有着更高的繁殖成功率。身高高于或者低于平均身高的女性的后代明显比身高处在均值的女性少。女性的这种稳定型选择②必然限制了男性生长的能力。

前面提到过，女性的青春和身体吸引力与生育能力有关。然而，这就会产生一个问题：要确切地解释在某些时刻什么才是有吸引力的并不是件容易的事情。吸引力的标准似乎随着时间和文化变化着：20 世纪 90 年代具有吸引力的特征可能在 20 世纪 70 年代就什么也不是了。为了证明对吸引力的测量基于生物功能，有必要找出特征的变异和适宜性衡量之间的联系。美国得克萨斯大学奥斯丁分校的 Devendra Singh 指出，女性的体型，尤其是腰臀比，是生育能力的一个可靠的（可以说是诚实的）预测器。腰围除以臀围是腰臀比的计算方式，这个比例反映了脂肪分布情况是受性激素控制的，尤其是雌性激素。不论男女都认为，健康又年轻的女性所拥有的 0.7 的腰臀比是最具有吸引力的。有趣的是，1920 年以来，得到美国小姐后冠的佳丽均有着非常接近 0.7 的腰臀比，《花花公子》杂志的封面模特儿也是一样。

---

① 二型性指不同性别之间有着显著不同的形态。——译者注
② 即选择中间类型并淘汰两极类型的方式。——译者注

特定的腰臀比有着很高的吸引力，并不一定表示它因此可以作为生育能力的信号。事实证明，腰臀比与适宜性和健康都有联系，而这才是它作为生育能力信号的原因。拥有桶形身材、类似男性体型（腰臀比接近1.0）的女性实际上更难受孕，并且生第一胎的年龄比较大，大于低腰臀比的女性。同样地，对疾病（如糖尿病、心脏病和中风）的风险预测通常根据脂肪的分布情况，而不是基于脂肪的总量，所以腰臀比同样是一个很好的健康预测器。低腰臀比的女性罹患重大疾病的概率也比较小。由此推论，低腰臀比的女性不仅能够孕育孩子，还能够将抵抗力遗传给孩子。

尽管Singh的观点得到了一些跨文化研究的支持，但有些研究无法重复他的结果，或许也可以这么说，对低腰臀比的偏好只是西方文化中人为宣扬出来的观念。此外，Martin Tovée等人认为，Singh的分析不足以限制身材大小和体质指数（body mass index，简称BMI）的影响，BMI是一种基于体重和身高而对身体脂肪的测量方法，也是男性对女性进行评价的一个更加有效的预测器。这里要申明一件事，即Tovée的研究并不是要反驳Singh的观点，而是以此来证明，即便腰臀比也是一个男性评价女性吸引力的预测器，但BMI才是更有效的预测器。然而，最近的一项对波兰女性进行的研究表明，对于体型较小的女性来说，BMI是其婴儿出生体重（适宜性的一个良好指标）的更为有效的预测器；而对体型较大的女性来说，腰臀比才是对其婴儿的出生体重的更加有效的预测器。这或许可以解释为什么在传统的狩猎采集社会（女性身材较为娇小）中，BMI（或者说身体的丰满度）与吸引力有着更多的相关，而在工业社会（女性身材较为高大）中，腰臀比与吸引力关系更大。

身体还有另外一个部位，也是用来提供诚实的信息的，即面孔。众所周知，面孔能够传达一个人的性格信息，而且在交流中发挥着重要作用（尤其在传达某人的诚实度方面）。人们当然可以并且习惯于根据他人的面孔将其分成具有吸引力的和没有吸引力的两类，但是这样的判断是否与被评估人的品质相关？男性和女性的面孔共有许多具有吸引力的面部特点（包括高颧骨、大眼睛和灿烂的笑容），然而也有一些特点只在男性或者只在女性脸上才具有吸引力。

女性稚气的容貌，包括小巧的下巴、小而挺的鼻子和大眼睛，被男人认为是具有吸引力的；而男性突出的下巴则是女性认为较具吸引力的容貌特点。总的来说，男性认为女性年轻的面孔更具吸引力，而女性更容易被男性成熟的容貌所吸引。由于对维持年轻面容的追求，创造了价值数十亿英镑的美容产业，女性尤其为该产业的成功立下了汗马功劳。大多数的整形手术也主要是减少衰老的痕迹，比如去除皱纹和提拉下垂部位。

圣安德鲁斯大学的 David Perrett 和他的同事做了关于面孔吸引力的大量研究，在许多有趣的结果中，有一个是女性在月经周期中的不同时刻对男性的面孔特征存在着不同的偏好。研究者将经过电脑修饰的照片[①]呈现给正处于排卵期（也就是可繁殖的阶段）的女性，发现她们更喜欢具有雄性特征的版本，更容易被这样的面孔所吸引，如更宽大的下颚、高耸的颧骨和突出的眉脊（这些特征都反映了高水平的雄性睾丸激素）。然而，在其他非繁殖阶段，她们表现出了喜欢女性化版本的偏好。

对于这个结果的一个解释是，当女性有可能怀孕的时候，她们更喜欢那些标示着优秀基因的信号；而在其他时候，她们更喜欢那些能够体现男性不那么强势、更愿意在两人关系和养育子女上投入的信号。这个解释与一些问卷调查的结果相符。问卷调查发现，女性如果要发生一夜情，她们更愿意选择英雄型的男性；而如果她们要寻找长期的配偶和朋友，助人为乐的男性才是她们期盼的对象。这些结果说明了女性十分努力地在优秀的基因和抚养后代的需要上进行权衡。最完美的情况就是，怀上拥有优秀基因的男性的孩子，然后与利他且体贴的男性一起抚育这个孩子。

由于能够提供优秀基因的男性有限，这不可避免地给暗中通奸的市场创造了条件。这种市场鼓励那些具备条件的男性做出"邪恶"的行为；而那些不具备这些条件的男性（"爸爸型"）会发现，自己正在尽最大的努力渡过困境，正在容忍因外遇而造成的损失（前提是配偶的后代中至少有一些是他们的孩子）。实际上，两性的任何一方都在努力地使自己的繁育能力达到最佳

[①] 同样的面孔，但根据不同特点，修饰出不同版本的照片。——译者注

状态,繁育能力能够影响异性的配偶决策,建立起一系列反馈过程,这个过程最终会变得十分复杂。

隐秘的线索

那些在前文讨论过的个体特征信号大多数是显而易见的。然而还有一些更细微的信号存在,比如对称性。在发展出双侧特征(手、腿、翅膀、耳朵等)的有机体中,对称性被认为是一种遗传特征的指标,因为只有具备最优秀基因组合的个体才可以在有害于发展(比如寄生虫感染、觅食压力和疾病)的环境下生长出对称的特征。从这个角度来看,对称性是表型和基因型特征的一个可靠信号,在那些有着明显对称的性选择装饰物的物种中,对称性被广泛用于进行配偶选择的研究。

尽管人类没有进化出像燕子的尾巴那样明显的性选择装饰物,但许多研究人员认为,对称性依然是人类的配偶选择的重要成分。许多研究有着一致的结果,这些结果都表明了更为对称的个体会被评价为更具有吸引力的,而且更加有攻击性的,在竞争的舞台上有着更好的表现。对称的男性更能吸引女性,而且是更好的竞争者,从而可以提高他们的地位,进而提高他们的吸引力。女性的配偶若是更加对称的男性,她们报告的性高潮频率会更高。高频率的性高潮也许能提高精子的存活率,这直接影响着男性的适宜性。

还有一些证据表明,女性可以嗅出男性的对称性。新墨西哥大学的 Steve Gangestad 和 Randy Thornhill 要求女性对 T 恤的气味做出评价,这些 T 恤是男性穿了两个晚上的,这之中既包含了对称的男性,也包含了不对称的男性。研究结果显示,那些月经周期接近排卵期的女性更喜欢由对称的男性穿过的 T 恤的气味;而月经周期在其他阶段的女性以及正在服用口服避孕药的女性,没有表现出任何偏好。

气味,或者对嗅觉交流的使用,在人类身上还没有什么相关的研究。而对其他的哺乳动物来说,化学交流是它们社会和性生物学中的重要组成部分。举例来说,老鼠通过自身的主要组织相容性复合体(majoy histocompatibility complex，简称 MHC[①]）根据气味来区分亲属和非亲属个体。MHC 基因在免疫系统的功能性（增强对寄生虫的抵抗力）上扮演着重要的角色，它使我们有着自己独有的气味，让父母和子女通过这个气味识别对方（见第四章）。雌性老鼠更喜欢同与自己的 MHC 基因不相同（比较不可能是近亲）的雄性交配。Claus Wedekind 还指出，月经周期正常的人类女性也同样更喜欢与自己的 MHC 基因不相同的男性的气味；而使用口服避孕药（类似怀孕）的女性则喜欢与自己的 MHC 基因相似的男性。如果一个女性正在为自己的孩子寻找父亲，那么喜欢与自己的 MHC 不相似的男性是有道理的，因为这能提供更多种类的抵抗力；而正在怀孕的女性更喜欢与自己的 MHC 相似的男性也是有一定道理的，那也许是另一个"情夫型"与"爸爸型"的例子。

近期的一个研究同样解释了这样的问题——为何人类要使用香水。一个观点认为，身体的气味传递了关于基因特征的信息，而香水味可以掩盖身体的气味，这就使得香水的使用者可以以此来掩饰自己的缺点。实际上，Wedekind 和 Manfred Milinski 完全反对这个观点，他们考察了女性对香水的偏好，发现被试更喜爱的香水成分与自己的 MHC 有关。这就能解释为她们是喜欢与自己有关的香水成分，而不是喜欢与伴侣有关的香水，并且还有一些间接的证据可以证明确实如此。

中央兰开夏大学的 John Manning 发现了一个对男性特征探查更细微的探测器，即食指和无名指的指长比（用食指的长度除以无名指的长度），这个比例有着很高的性二型性。女性的这两个手指长度十分接近，而男性的无名指通常要比食指长得多。这种手指长度的差异被认为是在胎儿发展时期受到性激素控制的，尤其是睾丸激素，因此可作为男性化的测量标准。Manning 等人指出，男性的低指长比（也就是高的胎儿睾丸激素）与高攻击性、良好的运动和音乐能力、高生育能力有关，可能还与更高的社会经济地位有关。而女性高的指长比（低的胎儿睾丸激素）与更高的繁殖成功率有关，但同样与更高的乳腺癌患病风险有关。Manning 还指出，女性对男性的某些

[①] 染色体上一系列紧密连锁的基因群，具有高度多态性，广泛参与免疫机能的相关工作。——译者注

评价，比如对首领气质和男子气概的评价，与低的指长比有关；但是，女性对男性的吸引力的评价与指长比无关。借用 Manning 的书名①来说，指长比可作为生育能力、行为和健康的指示器，这其中的每一项对男性和女性的配偶选择决策都十分重要。

这个对人类配偶选择策略的调查其实并不全面。出于篇幅的限制，我们只能集中讨论一些已得到深入研究的方面，而没有考虑过同性配偶的问题。要记住一点，人们不会只用单一的特质来指导自己的决策。人们的决策基于一个由特质组成的复杂综合体，而这些特质表现为不同的特征。求偶实际是一个协商的过程，与扑克游戏类似，未来可能的伴侣出价，然后评估自己接收的回应。尽管我们可以定义许多支撑偏好的普遍原则，但实际的配偶选择决策是十分复杂的，因为两性的偏好并不会完全互相对应，有时还可能存在冲突。这种复杂性使得大多数配偶选择都采取了一种随遇而安的方式，而不是达到所谓的完美选择。最后，异性的结合就是要产生后代。接下来，我们将要探讨这个方面。

小结

进化理论为理解人类配偶选择模式提供了一个有力的理论框架。人们对潜在配偶特征的偏好是由两性的繁殖成本不对称造成的。对于女性来说，繁殖是件比男性付出得更多的买卖，因此一般认为，女性会将更多的注意力放在男性抚育后代的能力和意愿上。相反，男性则会将注意力放在女性的生育能力上。对征婚的研究表明，配偶选择偏好与真正结婚的数据一样，都体现了配偶选择决策的确存在着进化上的考虑。重要的是，人们做的决策是视"自己对异性有多少吸引力"而决定的。同样地，有一些显著进化的身体特征被认为对配偶选择决策起了重要的影响作用，许多研究也证明了，它们被用来影响不同的吸引力决策。

①《指长比——繁殖力、行为和健康的指示器》(*Digit Ratio: A Pointer to Fertility, Behavior, and Health*)。——译者注

第六章

为人父母的抉择

所有亲缘投资决策的出发点就在于，家庭中所有的孩子并未受到同样的对待。这个结论是通过实验研究发现的，随机选择两个没有血缘关系的孩子，都会比在同一个家庭长大的两个孩子要相似得多。日常的经验也证实了这一点，兄弟姐妹在遗传上和行为上都不是克隆的产物，父母对每个孩子的态度和反应是截然不同的，因为孩子各自的特点不同，父母自身及其所处的社会环境的特点也不同。只需把父母的态度看作对待儿女的恰当的和可接受的行为的构成因素。在我们详细讨论这个问题之前，先要来定义一下所谓的**亲缘投资**（parental investment）。

繁殖成本

1972 年，Robert Trivers 将亲缘投资定义为"父母对一个后代的任何投资都能提升这个后代的生存机会，但会消耗父母投资其他后代的能力"。从根本上说，在这个资源有限的世界里，无论何时，分配给了某个后代的资源就不可能再被另一个后代所使用，因此如果对当前一个后代进行大笔的投资，会迫使父母必须推迟生育下一个后代的时间。每一次推迟必然会使得这些父母的后代的总量减少。

这就应该清楚了，亲缘投资决策基于对不充足资源的分配，而且这个决策至少有一部分是以父母双方和孩子各自的特点为基础的。特别的是，父母双方和后代的**繁殖价值**（reproductive value，父母预期能够拥有的后代数量在进行投资分析时显得尤为重要。我们将很快回到这个问题上来。

在哺乳动物中，亲缘投资最明显的形式就是哺乳。雌性给孩子哺乳了多长时间，她的闭经期就有多长。在这段时间里，雌性调控月经的激素系统会停止运行，因此在此期间无法再次怀孕。哺乳期是投资份额的指标，而且经过研究证明，这个指标在时机的把握和后代依赖的持续时间上有着非常多的可能性。如同我们在前一章提到的那样，人类的环境十分复杂，父母不仅要给未成熟的子女提供支持和照顾，而且在子女成熟之后还会继续给予帮助，通常提供的是物质（也有非物质）的资源，以此来帮助子女提早获得成功。比如，父母为子女提供继续教育的学费，给他们的家庭或者事业提供资金，还帮助他们照顾孩子，最明显的就是在死后给他们留下遗产。

这些投资让孩子的起跑点比别人高，从而增加了吸引伴侣的能力，能够更好、更快地组建一个家庭。你还记得前一章所说的，女性通常更容易受到富有的或地位较高的男性吸引吗？如果父母能够增加儿子的财富，或者提升儿子的地位，就能够提高他们对女性的吸引力。由于这个原因，父母对子女的投资将会不成比例，对儿子投资得更多，而对女儿的投资少了许多。

在现代西方福利制度完善的国家，这样的投资可能没有在传统社会里明显，传统社会的一些公共事业（诸如教育和医疗）通常都不是免费的。在非洲大多数的生活区里，儿童是家庭劳动力的必要组成部分，他们放牧、背水、照看庄稼。一般而言，教育被认作经济和社会解放的手段之一，因此是令人向往的。但是，教育儿童的成本非常高，家庭不但要负担学费和其他附加费用，而且孩子去了学校就无法继续给家庭提供劳动力了。此外，有些时候，投资女儿的教育或许不是一个很好的选择。举例来说，在从夫居住的社会里，即女儿结婚就与丈夫的家庭居住的社会，对女儿的投资最后是让女儿丈夫的家庭受益。父母因此就面临着一个抉择：应该给哪个孩子受教育的机会？让他们受多少年的教育？

一个进化论的悖论

繁殖对个体的适宜性有着直接的影响，因此父母关心孩子的进化看起来几乎没有评论的价值。父母关爱的缺失反倒让进化论者十分吃惊："为何父母要减少，甚至是完全地撤回，他们本应该给后代的关爱呢？"再没有比杀婴行为（父母亲手杀害自己的子女）更加触目惊心的悖论了。这种邪念看似是个适应不良的行为，还反映着一些病态的东西，然而通过进一步探讨会发现，杀婴行为其实比你认为的更具有适应性。这是一个非常深刻的警示，它告诉我们在探索行为的进化方面时，不应该只用我们本能的直觉来考虑究竟哪些是合适的行为。

对杀婴抉择最好的解释就是父母通过杀害子女来使自己能提供的繁殖投资达到最优化的状态。加拿大麦尔基大学的 Martin Daly 和 MargoWilson 指出，杀婴可以被看作"在做出如何分配不充足的资源的理性决策时的一个令人绝望的选择"。他们发现，杀婴是世界上多数社会和文化中的普遍现象（尽管相对来说较为不寻常）。通过对跨文化杀婴现象的研究，他们得出了父母杀害亲生子女的三个主要原因。

第一个原因与父子确定性（paternity certainty）有关，这个很容易理解，在 DNA 亲子鉴定出现之前，父亲们都不能完全确定自己的孩子是否为亲生骨肉。而母亲就不一样了，因为是自己生出来的孩子，所以亲缘确定性必然为 100%。所以对于男性来说，总还存在一定的可能——自己带大的孩子不是亲生的。因此，为了避免投资在非亲生的孩子身上（一种遗传利他的形式），男性通常会要求孩子的母亲做出"这个孩子确实是他的骨肉"的保证。这种保证包含着一些常见的坚持，比如要求新娘在结婚时是处女，这个规矩至今仍存在于那些妇女受到禁闭的地方（与外界世界隔绝，如伊斯兰教徒的女眷），或者在那些妇女离开丈夫家就必须有人陪同的地方。为了确保女性的贞洁，人类还有一种极端的行为，即对女性进行割礼，这个行为在撒哈拉以南的非洲国家依旧存在。将生殖器切除，为的就是降低女性的性欲，以确保女性的贞洁，维护家庭的声誉。

由于男性对亲缘确定性表现出了过分的关心，因此不论在世界上的哪种文化里，孩子的母亲和外祖父母都会更多地强调父子的相似性，而不是母子的相似性（"他的鼻子是不是跟他爸爸的很像啊？"）。事实的确如此，当孩子的父亲在场时，孩子的母亲会比他不在场的时候更多地评论孩子与爸爸的相似之处。是否真的有相似之处还存在争议：因为大多数婴儿的长相几乎难以分辨，而且他们那些与父母相似的外表特征也不会这么早就显露出来。但有一点非常肯定，即人们有一股强烈的需求，就是看出父亲和孩子之间的相似性，让父亲认为这孩子就是自己的亲骨肉，即便这孩子可能不是。

男性对确定自己父亲地位的需求不是没有根据的。对世界上许多社会的研究结果指出，孩子如果与至少一个非亲生父母一起生活，他们所遭受的不平等对待会比那些与双亲一起居住的孩子多得多。Daly 和 Wilson 调查了发生在加拿大的杀婴数据后发现，与一位继父（母）生活的孩子，遭受致命虐待的概率是与双亲一起居住的同龄孩子的 60 倍，并且几乎都是继父或继母对孩子施虐。在继子（女）和亲生孩子共同居住的家庭里，大人会更多地虐待继子（女）。尽管还是有些例外（比如在社会特别富足的瑞典），但在其他许多国家里，这样的研究都得到了相同的结果。在巴拉圭的阿车族人之中[①]，一个孩子的父亲若去世的话，就会大大增加他在 15 岁之前死亡的可能性，死亡的原因通常是被那个与寡妇结婚的男人蓄意杀害，这些男性也很坦然地表示，他们不想耗费自己的资源来抚养其他男人的孩子。与此相似的是，德国吉森大学的 Eckart Voland 表示，在 19 世纪时的德国，父亲刚过世、母亲随即再婚的孩子非常有可能死亡，可令人惊讶的是，孩子的死通常发生于母亲再婚之前。根据这个结果，或许可以推测，年轻的寡妇为了拓宽自己再婚的前景而选择杀害自己的孩子，因为没有孩子的寡妇比起带着"拖油瓶"的寡妇有更好的再婚条件。

Daly 和 Wilson 认为，杀婴的第二个主要原因是子女的身体状况。若把

[①] 位于巴拉圭东部，由印第安人组成的狩猎采集部落。——译者注

我们的道德和伦理观念放于一旁，理解这个原因就会变得非常简单。在传统社会里，孩子的出生如果伴随着重大疾病和身体缺陷，就会比身体健全的同龄人更可能成为杀婴行为的受害者。这种现象在残疾人福利制度不健全或者医疗费用昂贵的社会里尤为严重。由于没有医疗补助，残疾的孩子即使存活到成年，也不大可能拥有下一代。父母因此面临着如下抉择：尽可能多地投资残疾子女，提升他们的存活率（在这些进化的成本之下，他们依旧几乎不可避免地成为了遗传的死胡同）；或者终结这笔投资，从而开始新的一轮。

双胞胎为这个问题提供了额外的例子。在传统社会里，这样的现象并不稀罕，一对双胞胎或其中一个在出生之后很快就被杀害或被抛弃。还记得关于罗穆卢斯和雷穆斯的民间传说吗？他们是罗马城的创建者，是被父母抛弃之后由狼群养大的孪生兄弟。有两个理由可以解释父母为何想要将双胞胎处理掉。一是两个孩子给哺乳造成了过大的压力，如果牺牲其中一个孩子，另一个孩子和母亲的存活率和未来的繁殖能力都将增大。二是双胞胎的体型通常比单胞胎小，而出生时的体重是孩子能否茁壮成长的重要指标。不论是抚养两个还是一个这样的体况较差的孩子，最后都很有可能导致孩子的死亡。

Daly 和 Wilson 认为的第三个杀婴原因是：父母没有足够的资源来维持对子女的投资。资源不足是前两个杀婴原因中都包含的因素，然而一个健康的、有着正常生存能力的孩子仍然有可能被抛弃，因为母亲没有资源抚养他。这一点基于这样的事实：在后中世时期和流行病猖獗的 18 世纪，在欧洲南部天主教国家里，尤其在一些穷困的城市中，遗弃孩子、交由孤儿院来照顾孩子的行为十分普遍。举例来说，18 世纪在法国的里摩日[①]，被送去孤儿院的孤儿的数量与黑麦的价格呈直接的关系，黑麦价格是众多经济困难指数中的一个（在收成不好的年份，黑麦产量不足会导致价格升高）。

对每个父母来说，在这样的环境下做出抉择都是非常痛苦的，所以母亲通常会留给孩子一些纪念物，让孩子长大以后回来认亲。但是，这种情况发

[①] 法国中西部的城市。——译者注

生的机会是微乎其微的，因为在18世纪和19世纪早期，在孤儿院拥挤得可怕的环境中，98%的孩子不到一年就会因营养不良和疾病死去。Sarah Hrdy 在《母性》(*Mother Nature*) 一书中指出，女人一定知道自己正将孩子推向危险之中，因为孤儿院骇人听闻的死亡率一直是公众议论的话题。怀抱着孩子最后能回来相认的希望只是为了减少一些对于抛弃孩子的愧疚感。做出抛弃孩子的决定从来就不是一件轻松的事情，不可能没有痛苦。但有的时候，环境还是逼着家长做出这样的决定。

资源的可利用性和亲缘投资水平之间的关系绝不仅仅被限制在历史的环境中，比如欧洲的前现代社会。John Lycett 和 Robin Dunbar 分析了当代英格兰和威尔士地区的堕胎率，指出女性在做出是否生下肚子里的孩子的决策时，与从前的女性考虑的东西是一样的。这些分析表明，单身女性比已婚女性更多地终结妊娠，这个结论放在较为年轻的单身女性身上更是贴切。这个决策反映着女性对她未来结婚机会的评估，也表示出了不同年龄终结妊娠的可能性与未来结婚的可能性直接相关。

年龄稍长的单身女性会更多地考虑生下这个孩子，因为这有可能是她繁殖期内最后一次拥有孩子的机会，但是对于年龄较小的女性来说，她们之后还有很多结婚的机会，因此她们会更多地做出堕胎的选择。值得关注的是，这种现象对于已婚的女性来说是相反的：年龄大的已婚女性会比年龄小的已婚女性做出更多的堕胎选择，这可能是为了控制家庭的大小，保护现有的亲缘投资。这些结果是通过对瑞典数据的类似分析得来的。

值得强调的是，杀婴行为相对而言是比较少见的，而且主要发生在非正常的环境之下。而让杀婴成为一个进化论题是因为它真的发生了，而且作为对环境适应不良的副产品表现得足够显眼，以致让人无法忽视它的存在。能够抚育和保护自己孩子的父母显然留下了更多的后代，而那些对孩子的福利和命运尤为不关心的父母留下的后代则比较少。但这并不是说父母应该无视抚养孩子的环境，或者对这个环境不做出任何反应。如果投资的成本相对于回报来说过于高昂，可以做出粗略评估并且在此基础上行动起来的父母反而能比继续盲目投资（给那些因各种原因而成为遗传死胡同的后代）的父母留下更多存活的后代。在传统社会里，在恶劣的经济环境下，父母通常每天都要做出选择，做出选择杀婴的决策在这样的情况下时常出现；而在现代相对富足的西方社会里就没有那么常见了。

当男孩和女孩不平等的时候

在 1973 年发表的一篇极具影响力的论文中，生物学家 Robert Trivers 和 Dan Willard 指出，父母偏好向子女中一个性别投资，而牺牲另外一个性别子女的资源，这种做法有着非常明智的进化理由。他们的理论，即著名的 Trivers-Willard 效应，基于一个主要的假设，即母亲的条件影响着子女成人之后的繁殖能力。如果两个性别的繁殖产量有区别，那么父母会根据自身的条件来对其中一个性别的子女进行投资，并且对其繁殖能力产生有利的影响。因为繁殖数量上有着更大变异性的性别的处境也更加危险，只有当父母承担得起足够的投入以确保他们的子代出现在遗传品质分布的最佳位置时，父母才会偏爱这种性别的后代。条件较差的父母通常只能给每个孩子有限的资源，所以会选择风险最小的那个性别。

在一雄多雌的哺乳动物中，雄性一生的后代数量和雌性相比有着更大的变异性。这个结果是受到繁殖生物学中的哺乳动物模式制约的，在第四章我们曾讨论过，雌性一生中能够拥有的后代数量是受限制的，因为孕期和哺乳期是一段漫长的时期；而反观雄性的后代数量，主要受限于他们可以繁育的孩子数量，其实就是受限于他们可以交配的雌性数量。因此，条件较好的父母应该更喜欢生男孩而不是生女孩，而条件较差的父母应该会喜欢女孩胜于男孩。

Trivers 和 Willard 调整了最初的理论，使之可以解释为何性别比例不是应有的标准值(雄性:雌性 = 1:1)，这个理论同样适用于解释父母如何对已出生的孩子进行投资分配。对于有着怀孕和哺乳这种沉重负担的哺乳动物来说，这个理论尤为适合，尤其是对人类来说，因为人类一般在子女断奶之后还会继续投资。

在 Trivers 和 Willard 发表了这个研究结果之后，出现了非常多基于动物的研究来验证他们的假设。有一些考察了出生时的性别比例，还有的研究了对子女出生后的投资差异。总的来说，研究的结果没有一个统一的说法。举例来说，在最近的一篇关于有蹄类的 Trivers-Willard 效应的综述里，总结了关于 16 个物种的 21 个研究，而其中只有 8 个研究得出了高等级的雌性更倾向于投资儿子的结果。对非人灵长类的研究也同样得到了与该效应不一致的结果。这个理论之所以无法拥有明确且统一的证据支持，正是因为它基于一连串复杂的争论，而且目前能够得到的数据无法覆盖整个理论的所有成分。

试图在人类身上证明 Trivers-Willard 效应的研究通常关注的是有着明显阶级的社会，以社会地位和财富水平作为父母条件的替代品。可以回忆一下，在前面的章节里曾提到过的，男性的繁殖成功率比女性的更容易受到财富这个条件的影响。男性可以利用他们的财富让自己跨进一夫多妻的门槛里，并且还能够支付更多子女的投资费用，但是财富不一定能提高女性的繁殖潜力。然而，来自低地位家庭的女儿如果有嫁入豪门的机会，就有可能获取高地位家庭的财富。这就是为什么富有或高地位的家庭应该偏向投资儿子，而不是女儿；穷困或低地位的家庭应该更多地投资女儿。这样的"因材"投资才能让子女本身的繁殖更加成功。

一个早前关于印度森严的等级制度中的女性杀婴情况的研究表明，在最高阶层的群体（统治阶层）里，杀害女婴的现象特别常见，而且目的就是不破坏高地位女儿的婚姻前景。在这样的系统里，允许低阶层的女性嫁入高阶层的家庭中，但是高阶层的女性不得嫁给低阶层的男性。由于这个原因，最高阶层的女性可选择的男性非常少，很少有男性具备作为她们丈夫的资格；然而最高阶层的男性则有着整个社会的市场，可以在其中挑选他们的新娘。这就与 Trivers-Willard 效应相一致，杀害女婴在高阶层的家庭中十分普遍（有一个高阶层的家庭曾表示过，他们的家族超过 100 年没有一个女孩出生），而低阶层的家庭则较少出现这样的情况。

对肯尼亚的一个狩猎采集部落 Mukogodo 进行的一项研究也提供了支持 Trivers-Willard 效应的证据。Mukogodo 的家庭通常会忽视儿子而更喜欢女儿。

Trivers-Willard 效应该如何解释这个现象呢？Mukogodo 指的是由 Maasai 牧民和 Samburu 部落联姻而成的群体，这两类人群住在同一块区域。其他的牧民认为 Mukogodo 地位比较低下，因此 Mukogodo 的女孩通常比其他来自纯牧民家庭的女孩得到的聘金更少。但 Mukogodo 女孩低廉的聘金反而使她们更受条件较差的牧民欢迎。再者，由于牧民是以牛和其他牲口作为聘金的，即便聘金相对低廉，但对于 Mukogodo 女孩的父亲来说都是一大笔钱，因为这比起一个 Mukogodo 男性能提供的聘金多得多（Mukogodo 人通常是以蜂箱作为聘金）。Mukogodo 女孩因此可以嫁入社会地位更高的家庭。

这就会形成一个连锁反应，导致 Mukogodo 的新郎找不到本族的新娘，而且这个问题还会更加严峻，他们无法娶其他部落的新娘，因为他们无力负担更高价的聘金。由于这个原因，Mukogodo 人对儿子的投资就非常少，女儿若是生病，能得到更好的医治，而且能更多地发出一些抱怨，但儿子几乎不能。此外，在同一个家庭里，常常看到极度营养不良的儿子站在营养充足的姐妹身边。结果还发现，Mukogodo 女孩有着更高而且完整的生育能力，这就表明了更多地投资女儿的策略是能有回报的。

然而，应该更仔细地解释那些曾经试图证明 Trivers-Willard 效应的研究。如我们所指的那样，这个理论有两个关键的假设：一是某一性别的子女在繁殖成功率上有着比另一个性别更高的变异性；二是父母会根据自己的能力（也就是他们拥有的条件）做出不同的投资。如果这两个条件没有被满足，就不应该使用 Trivers-Willard 效应进行解释。简单地说，投资有着性别上的差异，但并不表示它就是 Trivers-Willard 效应可以解释的。也许更加重要的是，输入（投资）应该映射到输出（后代的繁殖成功率）上，但这样的结果几乎没有被报告过。

一项调查当代匈牙利人的亲缘投资模式的研究满足了所有条件。19 世纪 50 年代以来，在匈牙利村庄定居的吉卜赛人（或称为罗姆人）并不常见。尽管这样，他们还是形成了一个下层社会，虽然他们与当地的匈牙利人有着相同的经济和社会机会。然而重要的是，吉普赛女人与匈牙利男人结婚生下的孩子，相比于吉普赛女人与吉普赛男人生出的孩子，有着更重的出生体重、更好的生存率和更少的先天缺陷，这就符合了 Trivers-Willard 效应的一个条件。将两个吉普赛村庄与两个匈牙利村庄进行比较，通过不同方面的测量（包括出生性别比例、各胎的时间间隔、哺乳期的长短、高等教育的持续时间——最后一个是实质的投资，因为当地政府的高等教育不是免费的）后会发现，吉普赛人更倾向于投资在女儿身上，而匈牙利人更倾向于投资在儿子身上。关键的是，调查这四个村庄的居民发现，父母对女儿的投资相对于对儿子的投资来说，与儿女所拥有的孩子数量之比例有着更直接的关系。每个地区的居民都会根据后代回报的适宜性结果调整他们的投资。这项研究的重要性在于，它是少有的几个已经证明投资偏向恰恰和理论上期待获得的适宜性增加相联系的研究之一。

天生反叛

在经济资源（比如土地）受到垄断的社会里，对父母来说，将土地所有权分割给每个孩子并不是一个具有长期适宜性的做法，因为这样很快就会导致每个后代拥有的土地变得很小，从而无法给各自的家庭提供足够的资源。因此，父母会将财产集中留给其中一个或两个子女，让其他的儿女自力更生。这么做，父母能保证自己的遗传谱系延续下去，因为可以继承土地的那几个幸运的孩子能因此拥有更多繁殖成功的机会，而其他孩子想方设法为谱系贡献的任何东西只是锦上添花而已。

必须指出的是，这只是一种顺应经济制约而产生的策略，并不是普适于全世界的行为。通常认为，只要这种将排行靠后的孩子剔除的行为能比平均分配资源的做法更具有适宜性，父母就会选择长子继承权的做法（由年纪最大的子女来继承自己的全部财产）。还有一个关键的问题在于，从经济的角度来看，财产分割是行不通的。这个问题有着非常悠久的历史，以及许多可以代表的例子。比如，在中世纪早期，分割遗产的做法（平均分配给每个后代，即便只有一种性别的后代）在欧洲是很普遍的，然而到了中世纪晚期，由于可用的土地变得越来越有限，家庭的遗产继承从平均分配转变为长子继承。1400年以来，长子继承已经成为非常普遍的规矩。

不同的社会通过不同的方式解决这个问题，不论采用何种方式，最终都是为了达到同一个结果：维持作为血亲主要繁殖基础的经济完整，因此这种结果的灵活性在后来得到了重视。然而在所有情况下，解决的方法（将家族中每一代的繁殖单位缩减为一个）会造成一个结果，即产生了一群被遗弃的年轻人。由于这样一群失意的年轻人并不利于社会和谐，因此每个社会都需要找出一个方法，来降低他们爆发冲突的可能。

在葡萄牙封建社会的晚期，在拥有土地的公爵家族中，长子继承权的出现掀起了一场继承危机，然而这种危机鼓舞了那些非长子的男性到海外开拓新的帝国版图，从而缔造了一段欧洲人探险的黄金时期。这种差异精确地反映在家庭中儿子的死亡地点上：长子（继承了家庭财产）一般都在葡萄牙去世，而非长子普遍去世于海外——他们探险的目的地。有趣的是，女往高处嫁的现象以及身处海外的非长子的高死亡率都使得女性嫁不出去的情况十分严重，解决的办法就是将她们送去修道院，在那里，她们有个特殊的地位，即"耶稣的新娘"，她们的生活依靠原来家庭的捐赠，然而她们依旧具有嫁人的资格，只要有一段合适的婚姻，她们对耶稣的贞洁的誓言就可以搁置一旁。

在过去年代的中国西藏社会里，解决的方法是将所有的儿子入赘给一个女性。这种方法有利于减少儿子间对财富的竞争（他们全都继承了农场），同时还保证了他们参加劳动的动力，更加重要的是，这能够非常有效地限制这个家庭需要养活的人口（这些儿子们繁育的速度不可能快于他们的妻子）。由于这些儿子们同时与他们的妻子结婚，较小的儿子通常还没到青春期，所以大大降低了生殖竞争。有趣的是，在生殖竞争上最具有危险性的儿子（排行老二的）通常在很小的时候就被送去寺庙当僧侣，在那里他作为宗教智慧的源泉在通过祷告去向超然世界的途径（关于这个，在第十章会有更多阐述）上发挥着有用的社会功能。在这样的社会系统中的女儿们，除了结婚的幸运儿和一些出家当尼姑的，其他的就等于抽到了一张下下签，只能沦落为家族农场中的一名奴隶。

19世纪德国的前现代社会采用了一种较为不同的方法。他们发展了一种幼子继承权的系统（由最年幼的儿子继承），这种系统能够减少代际更替的次数（十分重要，因为得到继承权的儿子需要提供一部分补偿给其他那些未得到继承的儿子）。此外，由于这些无法得到继承权的儿子会耗费家族的财产，为了减少他们的数量，地主阶级（也只有地主阶级）施行了"一个接班，一个备用"的策略。因此老三及更小的儿子存活到成年的机会就大大减少了，事实上，他们活到周岁的机会相较于最大的两个兄弟，大约少了三成之多。而这并不是由于杀婴造成的，而是和 Mukogodo 人一样，父母减少了对他们的关怀。

大多数时候，人类的家庭单元可以被看作父母鼓励孩子争取不同生态位的一个系统。Frank Sulloway 在著作《天生反叛》(*Born to Rebel*) 中举出了一个令人印象深刻的例子，他考查了超过 120 000 名个体的人格特质，发现在第一胎、最后一胎和中间几胎之间存在明显的人格差异。平均来说，第一胎的孩子比较墨守成规、保守、对弟弟妹妹更有责任感，而后面几胎的孩子在长大之后比第一胎的孩子更有想象力、更懂变通以及更加反叛。排行靠前的孩子更可能选择保守的工作，而后面的孩子对不那么墨守成规的工作表现出了更高的容忍度。第一胎也比后面几胎的孩子更加注重地位取向。

Sulloway 指出，这些人格上的差异是为了适应父母不充足的资源（包括不充足的关怀）而产生的一种解决方法。起初，第一胎孩子独享父母的关怀，然而一旦有弟弟妹妹降临，两个孩子就必须相互竞争，而随着越来越多的弟弟妹妹出生，竞争越来越激烈。Sulloway 认为，第一胎的孩子发展出了允许他们继续享受地位和关怀的人格特质，而后面的孩子必须发展出有别于哥哥姐姐的特质，才能吸引父母的关注。由于年纪小的孩子在体型上小于年纪大的孩子，他们无法支配和控制年纪大的孩子，因此他们被迫发展出可以更好地应付家庭环境的行为特质。这些差异让孩子顺着这样的轨迹直至成年。

对后面几胎孩子来说，还有另外一个策略，即完全退出竞争的环境。Catherine Salmon 曾经指出，头几胎的孩子表现得更加趋向家庭，而后几胎的孩子更可能去寻觅非亲属联盟，比如朋友。她发现，第一胎的孩子在悲伤的时候更有可能求助于父母，而后几胎的孩子则更多地向朋友和兄弟姐妹寻求帮助。

在本章里，我们概述了一些与达尔文的理论相背离的事件（至少从表面看来）。在进化论的世界里，很难去想象杀婴这样行为的发生，家长本应该养育和保护自己的孩子，而不是杀了他们。然而，如我们所述，在异常的环境下，如果长期的收益可以抵消短期的成本，父母就会做出如此的行为。这里需要表明的是，我们并不是说杀害子女是一件可以被社会接受的行为，它显然不是；也不应该仅仅根据它具有（或已经具有）进化上的适应性就判断其道德上的合理性。但是，这可能是面对恶劣处境时的最佳解决方案，这样的状况是存在的，也因此至少是可以理解的。

在这个讨论里最显而易见的地方就在于亲缘投资决策实际是受到限制的。几乎没有一条经久不衰的规则可以应用于所有的环境，除了"你做的这些是否使你的适宜性最大化"这一条。所以，父母做出的投资决策必须考虑各种因素，包括子女的性别、家庭所处的社会经济条件，以及父母和子女的健康状况。

小结

亲缘投资决策是以对不充足的资源进行分配为基础的。如果父母的时间、精力和资源有限，那么不论是现在或将来，任何投资在某一个子女身上的资源都不可能再投资在其他子女身上。对某一个子女进行投资的决定需要考虑许多因素，其中有一个是孩子将来的繁殖前景。有着很少或者根本没有繁殖前景的孩子得到的资源可能会很少，在极端的情况下，这些孩子甚至会被杀害。或许与直觉不符，这种进化的观点实际上提出了一种可能，即在特定环境下，故意杀害自己的孩子或许是一种理性的行为。重要的是，对亲缘投资决策的研究结果突出了人类行为的受限本质：父母会根据他们所处的社会、经济和生态环境来做出有关孩子的决策。

第七章

频繁的社交活动

人类与所有猴和猿一样，都是极度社会化的。这种社会性给予了灵长类进化优势，使得它们成为幸存时间最长的哺乳动物之一（它们的起源可追溯到恐龙时期），也是分布地域最广的哺乳动物之一。社会性是试图利用合作的方式来对付生存和繁殖挑战的结果。在大多数情况下，这些优势来源于有规模的储备，但是对猴和猿来说，它有时基于共同解决这些问题的真正企图。然而，动物生活在一起就会不可避免地消耗成本。我们所观察的社会系统是试图平衡社会化的成本和收益并在两者之间进行权衡的结果。

在第四章里，我们明白了人类社会性如何塑造儿童时期的我们，如何赋予了我们理解他人和理解文化的能力。在本章，我们则要探讨更多人类社会的本质和起源，关注或许可以说是人类社会面临的基本问题：搭便车现象。

灵长类的社会

人类的社会十分复杂，从我们的日常经验就可以证明。然而，如当代世界这种规模庞大的社会，它们的出现相对来说是近期的现象。大概一直到7000年前新石器时代，有着几千名居民规模的城镇才在近东①地区出现，而超过100万名居民的城市的出现也就是近几百年的事情而已。在人类进化的

---

① 欧洲人以"近东"来表示非洲东北部和亚洲西南部的地区。——译者注

大部分时间里，我们生活在小规模的狩猎采集社会，这种社会的特点是：规模非常小、群体相对不稳定以及成员通常分散在很大一块区域里。一直到大约10 000年前农业的出现，那种不受规模限制的永久性居民群才有了存在的可能。

灵长类的社会系统，包括人类社会，实际上内含着一种社会契约，成员都同意放弃自己的即时利益，通过更加有效地解决一些生态问题来获得长远的更大收益。对大多数的灵长类来说，这种生态问题一般指的是来自于捕食者的危险。个体成员通过聚集在一起，减少了自己被捕食者捕获的风险，它们有"许多双眼睛"来保护自己（彼此之间可以轮替监视捕食者，从而减少每个个体需要耗费的成本），而且数量庞大的个体聚集起来对大多数捕食者也能起到有效的威慑作用。有一个证据可以证明这个观点，由于大多数灵长类是陆栖的，而且居住在开阔的栖息地上（被捕食的风险会更高），因此它们进化出了更庞大的群体。然而多数情况下，所谓的捕食者可能是来自于其他灵长类物种的竞争者，甚至可能是同一群体中的个体（比如，施行杀婴的雄性个体）。

然而群体生活必然会为了其他成员消耗自己的成本，这是因为大家都不得已地贴近彼此的生活。这些成本有两种典型的形式。直接成本是由于竞争资源而发生的冲突造成的：参与冲突的个体不仅浪费了时间，还可能受到伤害。在这种情境下，有一个特殊且重要的受伤形式，即冲突对内分泌和免疫系统造成的不良影响：即便是由一场偶然的骚动对个体造成的一点压力都可能使免疫力降低，还可能打乱雌性的月经周期，造成功能性不孕。间接成本的出现则是由于一名个体取走了另一名个体本来也可以使用的资源（如食物、水和庇护点），这个懂得礼让的后者必须到更远的地方寻找资源。在灵长类物种中，庞大的群体往往需要在更大的领地内移动到更远的地方，这就是一个最明显的间接效应。

在人科动物进化的过程中，我们的祖先扩展了他们的生态位，并占据了更加开阔的栖息地，这么做让他们成为了规模相当大的半游牧群体：远至中国东边的亚洲南部，在6万年前被我们的祖先占领，那个时间也不过就是他们离开非洲的1万年之后。为了应付日益增加的被捕食的风险,他们必须生活在一个更大、更合作的社会群体里。然而,游牧的生活方式(让我们祖先从他们的非洲家园以非常快的速度向新大陆开拓的方式)或许取决于能够共有散布于各地资源(不论是饥荒还是干旱,这些资源总是存在的)的能力。这就需要大规模的交换网络,该网络要覆盖足够大的区域,以保证不论发生了多么严重的干旱,至少还有一个资源足够充足来供给每个人的需求。

人类和他们的大猿表亲都生活在一个分裂—融合(fission-fusion)的社会系统中。社会群体通常分散于广阔的领地里,使得在某个时间段里,只有少数的成员有着直接的接触。这在现代的狩猎采集社会中尤为明显:社会成员通常分散在大量的驻扎营地中,每个营地是25~50个成员(5~10个核心家庭)的临时住所,每一个家庭都随时可以选择离开,加入其他的营地。然而,一个家庭并不都能任意地加入其他家庭。也许营地能够为其他家庭路过时提供一个遮风避雨的地方,但是营地成员通常是由一个100~200人的特定群体组成的,这些人共同拥有获取领地内资源的权利。

狩猎采集社会其实是一个名不副实的群体,因为尽管整个社群会时不时地在一个地方采集资源,比如在成年或结婚的庆祝仪式上,但是这些只是特例而已,并不是常规现象,这样的事情通常一年只会发生一次。对社会的认识应该源于知晓谁与谁有(生物学上或社会上的)关系,知晓他们每个人的生活历史,以及知晓他们是特殊关系网络的哪个部分。更重要的是,或许这些关系总是以特权和双方责任的形式体现的。

社会化大脑

总的来说,灵长类(不只是人类)有着相对于身体体积异常庞大的大脑,这个结果主要是由于它们有着异常庞大的**新皮层**(neocortex)。新皮层是大脑表面上一层薄薄的物质(也就是几个细胞叠起来的高度),是我们在有意识地思考时,大脑进行加工的地方。哺乳动物全都进化出了新皮层,但是庞大的新皮层只为灵长类独有。灵长类之所以有比其他哺乳动物更加庞大的脑,是因为它们有着更加庞大的新皮层。其他哺乳动物的新皮层一般占据整个大脑体积的 10%~40%，原猴（最"古老"的、似哺乳动物的灵长类）的新皮层占据了大约 50%，而到了现代人类，新皮层占据了大约 80% 的大脑。

目前普遍认为，灵长类庞大的大脑明显与其与众不同的社会技能有关，一个著名的解释就是**社会脑假说**（social brain hypothesis）。该假说认为，在固定社会群体中生活，需要自然选择出一种智力，这种智力要特别熟练于追踪自己和群体内部其他成员之间的社会关系，或许更重要的是能够追踪群体内部其他成员彼此之间的关系。

这个假设的主要支持证据来自于 Robin Dunbar 及其合作者的一系列研究。这些研究表明，新皮层的相对体积与灵长类的各种社会复杂性指标有关。社会复杂性指标包括了社会群体的大小（图 7.1）、理毛团体（或者说同

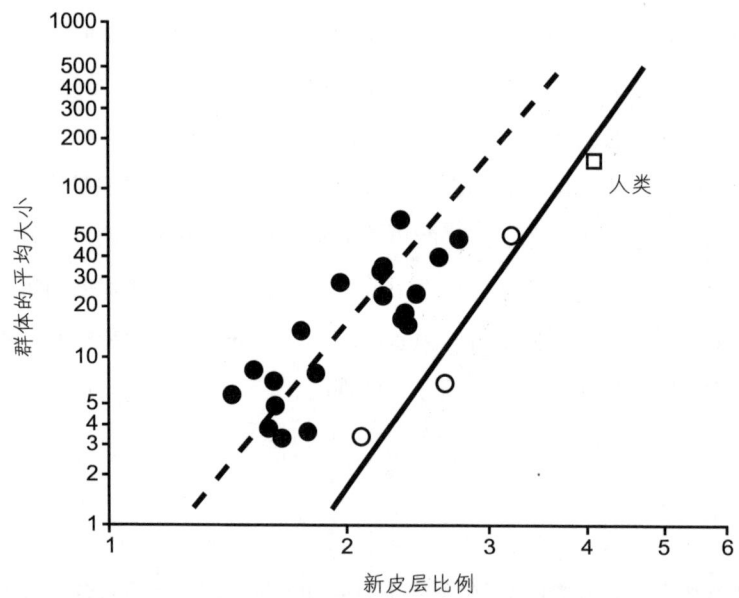

图 7.1 物种的社会群体大小与其新皮层的相对大小（新皮层的体积除以脑的其他部位的体积所得的指数），表明两者之间的一个简单关系：简单地说，大脑的大小限制了可维持的社会群体大小。猿的标记（空心的圆圈）和猴的标记（实心的圆圈）看起来是以两条平行线分布的，这就说明了猿类如要维持相同的群体大小，需要更加努力才行。方框标记的是现代人类狩猎采集社会的部落大小。
根据 Barrett et al. (2002) 重新绘制。

盟）的大小、社会性游戏的数量、策略性欺骗的使用（给出虚假的信息来错误地诱导对手），以及雄性在交配竞争时使用更加狡诈的社会性策略、破坏高等级个体的统治地位。重要的是，这些研究还表明，新皮层的体积与发展期的长短有关，发展期指的是断奶期和青春期（已社会化的时期）之间的时间段，这就说明了生活在更庞大、更复杂的社会群体中的动物需要更加漫长的发展期，才能学习和吸收应对社会世界所需要知晓的一切。

这些社会关系似乎对新皮层尤为特殊，但总的来说，对大脑其他的次级皮层好像显得没那么重要。社会关系对新皮层较为靠前的部位有着特别的意义，例如，额叶（大脑的这个部位与心理学家提出的"执行"功能有关，与我们进行理性思维和行为控制的加工有着非常紧密的关系）。然而，如我们在第四章所述的，大脑其他的一些较小的部位也同样与灵长类社会群体的大小有关，包括小细胞视觉通路（但它不作为完整的视觉区域）和杏仁核（边缘系统的一部分，主要处理情绪信号）的一部分。

新皮层较为靠后的区域，比如视觉区，在很大程度上与社会复杂性无关——虽然初级视觉皮层（通常称该区域为 V1）往往是灵长类大脑中最大的一个区域。这点十分重要，因为灵长类（包括人类）的新皮层较为靠前的区域（非 V1 区）在以不成比例的速度增大，而事实上，大脑的发育（在胎儿时期的生长）是从后往前的，从头部后面的视觉区往眼睛上方的额叶生长。结果，诸如大猿，特别是人类，这些有更加巨大的脑容量的物种拥有非 V1 区，特别是额叶，其额叶无论在绝对容积上，还是在相对于非皮层脑结构的容积上，都比那些大脑较小的物种大得多。这部分的重要性到后面会越来越清晰。

出乎意料，人类也十分符合灵长类这个群体大小与新皮层之间的关系。狩猎采集社群的典型人口数量（约 150 名成员）是通过灵长类（特别是猿类）中群体大小和新皮层之间的关系准确预测出来的。在传统种植社会中的村庄，通常也是由大约 150 人组成。更重要的是，近期的研究表明，这种社会群落的大小甚至可能是后工业社会的一个特点。举例来说，一项对圣诞卡片寄送名单的研究发现，一个人拥有的朋友和熟人的数量也差不多在这个范围

(在42份样本中，朋友和熟人的数量均值为154名）。

完全社会化的心理能力

当绘制一个用来表示群体大小与新皮层体积关系比的图时，一个明显的特点就是猴和猿分属在不同的直线上（见图7.1），而且这两种灵长类分布的斜线相互平行，对于相同大小的新皮层，猿的群体大小是小于猴的。对于这个结果有两个十分有趣的解释。其一，这样的分界并不遵照简单的分类学规律，因为旧大陆猴在分类上的属性是比较接近猿类的，但新大陆猴和旧大陆猴在图中是分布在同一条直线上的。这就表明在进化的历史中，当猿的祖先与旧大陆猴的祖先分离之后（大约在2500万年前），一定发生过某种特殊的、迅速的变化。其二，这也表明了猿类若要维持相同的群体大小，就需要使用比猴子还要多的计算能力。换句话说，猿（包括人类）需要比猴做更多复杂的事情，才能维持其社会群体的团结，并且这样做必然会涉及个体之间关系的复杂性，而不是仅仅涉及它们的数量。

猿类（以及人类）的社会有一个最突出的特点，即分散的（或者说分裂—融合的）社会系统。实际上，猿类必须与一个精神世界打交道，这个世界包含着虚拟的个体，也包含着真实存在的个体，而猴子只需要与后者打交道。有一个可能的解释，即同时考虑存在的和不存在的个体，这样的社会计算需要耗费非常多的认知资源，因此要求更多的计算能力（也就意味着更大的新皮层）。

这种对群体大小的认知制约之所以存在，是进化传承造成的，这些认知能力反映了我们在相当长的一段狩猎采集时期里，我们这个物种的社会性通过自然选择而获得的一种需求。这个时期以多层级的分群—合群社会为特点，在这样的社会中，处在庞大的社群之中的成员关系不得不以他们是否共享同一个营地作为划分的依据。这种分散的社会可能是造成我们祖先在非常宽广的栖息地上采用游牧生活方式的关键原因，这让他们需要平衡两个方面，即减少被捕食风险的即刻需求（通过形成一个临时的打猎营队）和确保获得有限资源的长期需要（通过一个贸易关系网络）。

之所以能够达到这种平衡，有一部分原因在于，当我们考虑与其他人的关系时，即便他们不在场，我们还是会将他们当作真实和不变的实体。我们能够考虑别人，即便当时没有看见对方；我们将他们纳入自己的生活，即便他们生活在世界的另一端。反过来说，这与我们的共享意向性和集体意向性有着直接的联系，而且我们的表达能力（以及我们的语言能力，见第八章）让我们能够想象一个没有真正实体的心理实质，而且我们明白，人们是受信念和愿望驱动的，它们比真实世界中的任何一个物体都更有力量、更加强大。鉴于此，将关系看作"牢固的联结"只是很小的一步，这种"牢固的联结"可以穿越空间和时间把人们凝聚在一起，以至个体间持续不断的交往并不是必须的。

亲密关系的圆环

不论在现代的后工业社会，还是在传统的狩猎采集社会，我们都不会与群体内部的所有成员发生交往。人种志的证据（来自传统和现代社会）表明，由大约 150 人组成的群体似乎是最典型的人类社会网络，而这个群体实际上还由一系列不同等级的子群体组成。

这看起来就像是我们中的每一个人都处在由熟识的人组成的环环相扣的圆环中心，每一个圆环相当于一群特定数量的个体（图 7.2）。这些小组包含的人数分别是 5 人（支持同盟，当我们处在困境中时，会从他们那里寻求情感或其他支持）、12~15 人（情感支持小组，我们与他们有着特别亲密的关系）、35 人（与狩猎采集营地每晚居住的人数相同）、150 人（与狩猎采集的家族人口数量相同）、500 人（在人种志论文里被认为是最佳的群体数量）、1500 人（与一个部落的人口数量相同，通常被定义为说着相同语言或方言的人群）。需要注意的是，每个圆环内的人群都包含着低一层级中的所有个体。

在前面的段落中，我们曾讨论过的一个证据，150 人的圆环里的人们与更大圆环中的人们有一个重要的区别，即我们是否将这些人看作独立的个人。

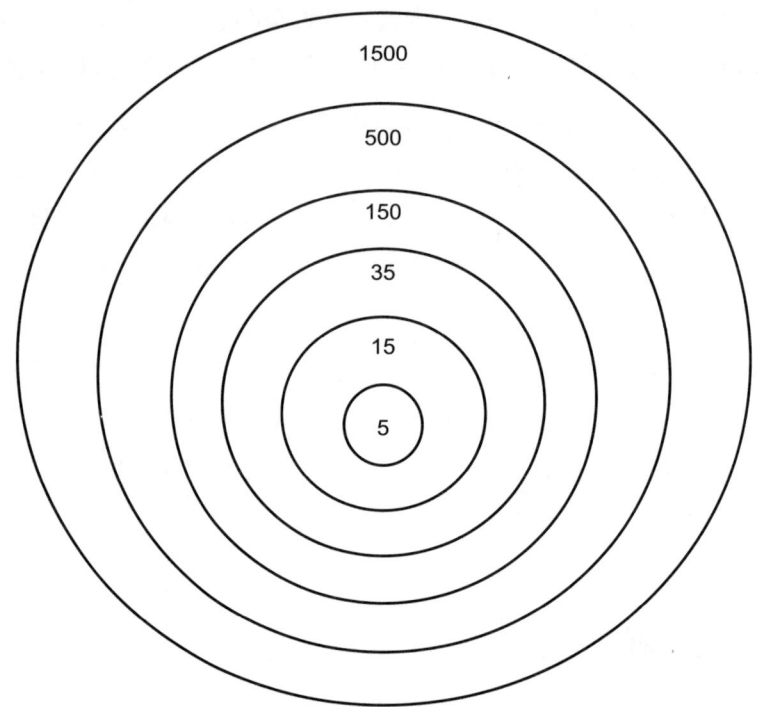

图 7.2 对人类社会网络的研究表明,我们每一个人都处在这个不断向外扩展的圆环中心,随着圆环的不断扩大,包含的人口数量也逐渐增多。每个圆环按照彼此之间的关系程度划分出一个群体。在内圈的人相对于外圈的人来说,与我们有着更亲密的关系,而且我们通常也更倾向于与内圈的人联系。尽管个体是相当多变的,但每一圆环内的数量(包括它含括的内圈中的人群)应该相对稳定。在有着150人的圆环中,我们与其中的人建立关系是基于个人的信任和责任,而1500人则是相当于一个传统的狩猎采集部落(当中的人们说着相同的语言)的人数。

这个150人左右的数量指的是那些与你有着明确且私人的关系的人们,比如有打过交道的历史以及具有一定亲密关系的人们。这些人是你愿意尝试建立以及维持与他们的联系的,你对他们的生活经历也有过一时的兴趣。你会认为这些人是非常乐意帮助你的——主要是因为在你们之间有种互为责任的感觉,这或许是由于某种程度的亲密关系,又或者是因为亲缘责任或者组织团体间的友谊。

对于那些在150人的圆环之外的人们,我们只知道这些个体的分类,我们可以给他们贴上所处阶层的标签(比如"警察"或"图书馆管理员"),而这些标签可以指导我们如何与他们打交道。我们可以将他们之中的一些人当成个人，但我们对这些人知之甚少。我们与这些人的相处缺少了私人感情，而这正是更往内的圆环中的关系所特有的。

即便在150人的网络之中，也可能发现关系的亲密程度有着显而易见的差异。在前面提到过的关于圣诞卡片寄送名单的研究中，受访者被要求用0—10分的量表描述其与名单中的每个家庭成员的亲密关系程度。贺卡将会被寄给这些家庭成员。当把收信人按照亲密程度进行排名时，这些收信人很明显地被照着前文所定义的那些组别聚类。尤为明显的是，这种对亲密程度的感觉似乎与彼此的接触频率有着非常紧密的联系。举例来说，人们平均一个月与在12~15人的情感支持小组当中的每个人至少联系一次。有趣的是，亲缘关系似乎在这些组别里有着非常特殊的地位：亲属会被超标准地（相对于他们在人群中的贡献）划分到12~15人的情感支持小组中。更多的关于这些小组大小和相互对比的研究显示，根据一定的亲密程度或情感关系，在每个圆环内，我们可以拥有的人数也可能受到认知能力的制约。

可以假设，亲密关系的每个圆环都是由固定数量的箱子组成的，我们可以将遇见的个体放进这些箱子里。一旦某个圆环中的所有箱子都被填满，我们就无法随意地加入新的个体。如果有个讨人喜欢的新人来到身边，我们想要将其加进某个已满额的社会圆环中，就必须将原先盒子里的某个人踢出这个圈子。面对面的接触似乎是维持任何一个圆环中关系质量的重要因素，停止与某人的接触将会削弱彼此的联系。即使你曾经花了非常多的时间与中学或大学的朋友相处，但是长大之后，你们的关系通常会逐渐疏远。随着时间的流逝，每个人都可能被无情地从亲密的圆环中推到最边缘的一层，成为仅仅相识的人。当你们重新相见时，可以享受共同的回忆中的美好时光，但是这段时光很短暂，通常只有非常少的可能可以恢复以往密切的关系和强烈的情感。一段重生的关系通常只能重新开始。因为你对他们的了解已经过时，你们之间也不再有共同之处，无法建立一个适度亲密的联结。看起来，时间似乎是对适合于特定社会圆环中的人数的另一种制约。

很显然，最终极的制约是由于认知因素造成的，认知因素影响着我们与许多人维持连续且亲密的关系。特定层级的社会圆环中的人口数量有着非常多的变化。比如，社会网络的大小可以从 100 人变化至 300 人，即便它有着一个大约 150 人的强大峰值，类似的变化性也能在最里圈的圆环中被发现。从某种程度来说，这种差异反映出了一种在社交能力上的性别差异：总的来说，女性不论在哪个圆环中，都有着比男性更庞大的社会网络，即便在这两者的分布上有着几乎完全的重叠。另外，它同样反映出了性别内部的人格差异：举例来说，情感支持小组的大小与神经质得分 [通常使用莫斯利人格量表（MPI）来测量] 呈负相关，神经质得分越高的人，亲密的朋友就越少。

这两方面的影响源于它们在社会能力和社会技能上的差异，可以通过一个研究结果加以证明，这个研究要求被试写下自己在一个月至少联系一次的人（情感支持小组的一个操作性定义），之后再给他们做高级的心理理论测验（心理理论是社会认知的核心组成部分，我们于第四章讨论过）。在测验中，给被试呈现一个简短的故事，故事里详细描述了一个社会事件，接着询问被试是否知道故事中的人物是怎么想的——这些问题有着九个层次的嵌套意向性。在有 60 名被试的样本中，情感支持小组的大小与可达到的意向性层级（指的是被试可以正确回答关于故事主人公心理状态的最高层级的问题）有着显著的关系。这或许就说明了社会技能和社会认知能力有着直接的关联——一个有实验证据支持的结论表明，患有精神疾病的人，比如患妄想型精神分裂症或者双相障碍（躁郁症），会丧失判断更高层级的意向性的能力。

信任和互惠

前两个小节提及的证据表明，这个约有 150 人的社会网络依靠的是我们个人对圆环内部每个人的切身了解。这种了解似乎对关系的类型有重要的含义，它让人产生了信任和责任，使得人与人之间的交往过程更加顺利，尤其是在互惠以及合作的过程中。许多相关的观察研究都强调了信任和责任在社会组织中的重要性。

哈特人（Hutterites）是一个正统基督教派别，他们来自欧洲，19 世纪中期迁移至美国达科他州和加拿大南部地区，一直定居到现在。他们以一种非常严格的社会方式生活着，农田是公用的，农活也是平均分配的。然而，一旦人口超过150人，他们就会将社群一分为二，因为他们认为一个人口超额的群体是无法被管理的，单单是同伴的压力都能使管理变得棘手，这时需要一个警备机构来解决问题。然而，警备机构在他们的生活里是一个很特殊的概念，是受诅咒的，因此他们更愿意通过确保社群大小总是低于极限值来避免矛盾的发生。

第二个例子是由"微缩世界"的实验提供的，实验给被试呈现了大量来自世界各地的人，要求他们指出哪些人是认识的，而且这些人经过劝说会愿意寄一封信给他们（如果必要，还要通过中间人来传递那封信）。结果表明，被试竭尽全力列出了一份125~150人的名单。由于这个任务明确要求被试主动寻求一次帮助（寄一封信，而且可能还需要让这个人麻烦另一个人传递这封信），在没有害怕被拒绝的恐惧以及要求别人帮忙的尴尬情绪的干扰之下，这个实验测量了被试认为自己可以向多少人请求帮助。这表明，责任可能是我们在150人的社会网络中与他人关系的一个重要方面。

这样的证据表明，社会成员承诺并且兑现自己的社会责任使得人类社会成为可能。我们同意不盗取他人的财物；会偿还债款，如必要还会附带利息；不抢占他人的配偶。如果我们不能遵循这些规则，在群体的社会生活就不可能存在（至少大多数时候如此）。每个家庭将被迫与其他家庭保持距离来避免冲突和被剥削的风险——确实如此，否则连家庭生活都不可能存在，因为家庭自身在本质上就是夫妻间（或和孩子间）的社会契约。

在这样的背景下，信任显得十分重要，因为我们没有时间来确认其他人是否诚实可靠。我们只能假设遇见的这些人都是遵守社会规则的。当然，这并不意味着我们受社会上所有人的摆布，许多时候要依赖我们所处的不断变化的社会环境。历史告诉我们，社会生活取决于戏剧性的情绪波动：平和稳定的时期与挣扎混乱的时期更迭交替。在情绪平稳之时，信任和互惠滋长，我们对陌生人表现得更加宽容；而在麻烦不断的时候，信任衰退，我们对社会网络中的核心成员减少了我们的善意，即便我们知道他们值得信任,也值得依靠。在猜忌怀疑的氛围里,每个人都在偷偷观察是否有人正在跟踪自己。实际上,我们正处在一个有被捕食风险的环境之中,而且捕食者就来自我们自己的物种(甚至是我们自己的社群),而不是那些一般认为的食肉动物。

迪肯悖论和搭便车的人

发生在某种特定的社会情境下的信任的重要性被我们称为迪肯悖论(Deacon's Paradox)。迪肯(Terrance Deacon)[①]在其所著的《符号的物种》(*The Symbolic Species*)中指出,人类社会有一个奇异的特性,即让自己暴露在分裂的压力之中。也就是说,人类形成了夫妻的体制,又在劳动上有着性别分工。这种分工代表着当男性和女性参加各自不同的劳动时,双方通常会分离很长一段时间。男人和女人都必须对配偶诚实,否则整个社会结构会崩塌。

然而,从日常经验可以得知,一些人的夫妻关系并没有这般神圣,他们会做出外遇和非法通奸这样的事情。但是倘若越轨是一件完全无拘无束的事情,特别是考虑到男性和女性都不能无时不刻地监视和防止配偶与其他竞争对手发生不正当关系,这些事情也并不是以它们可能会有的频率发生的。此外,如第五章所述,女性有一个明显的进化偏好,就是找寻"优秀基因",即便是当她们处在一段稳定的夫妻关系当中时,就同对任何可以当爸爸的机会都抱有兴趣的男性。

迪肯认为,形成符号契约(如正式的结婚协议)的能力对人类社会的进化十分重要。这些契约如同一个正式的、公众的承诺宣言,被其他社会成员认可,而且他们也愿意对其监督。在传统社会中,男人和女人均倾向于与自己的配偶分开一段时间,加入到单一性别的群体里,而在那里他们的举动都被监视着,这有助于社会系统的管理。不论男女,总是处在社会中某些成员

[①] 美国哈佛大学神经学家和生物人类学家。——译者注

警惕的眼皮底下，因此这些社会成员恪守着性忠诚。

迪肯悖论强调的是一个更普遍的问题，是任何建立在社会契约上的社会系统都必须与之斗争的问题，即**搭便车的人**（free-rider）所带来的不安定效应。搭便车的人指的是那些从社会契约中获得好处，但无须付出成本的一群人。在任何社会契约下，总是有那么一种诱惑，即从他人的慷慨中获得利益。搭便车的人得到的好处通常是相当可观的，因为他们总是可以比其他人抢先一步赢得先机。来看看一个经典的案例，在社群成员开发资源的地方，比如一片森林或者牧场中，如果每个成员都节约地开采资源，不超出自己应得的份额，也就是根据资源可再生（通过自然生长可以重新补充）的比例进行开采，那么资源将能可持续利用。然而，总是有一种诱惑让人多开采那么一点资源，比如在牧场上多养一头牛，或多砍下一棵树。这样做的话，他们（以及他们的家庭）将受益于这么一点超额的资源，让自己度过寒冬。但是其他所有人都要为这些人的自私埋单，因为对其他人来说，可以利用的资源变少了——资源甚至无法维持下去，最终无法继续使用。

被搭便车的人剥削的社会成员被迫表现出利他：他们为了这些搭便车的适宜性贡献出自己的适宜性。被消耗的成本在短期看来可能很少，尤其是如果由整个社会的成员来分担，成本看起来会更少，但是必然会长期累加，一旦压力达到足够大的时候，这些搭便车的人将会成为社群中其他人的严重负担，于是那些将社会联系起来的协议就会变得四分五裂。在互惠的交往中就会出现更多的猜忌和勉为其难，让人们彼此的交往和关系变得更加难以进行。建立在信任之上的合作意愿也会衰减，将社会系统围绕起来的那条线也会逐渐崩裂。通过我们与搭便车的人接触的经验，搭便车现象最终会被阻止：一朝被蛇咬，十年怕井绳。一旦达到了这种境界，我们将会丧失心中那个可以将社会联系起来的信任。

计算机模拟显示，搭便车的问题在两个条件下会日渐突出：(1) 当社会群体庞大且分散的时候；(2) 当合作的成本非常低廉的时候（也就是当个体愿意合作时，对与自己共享资源的同伴并不特别好管闲事）。在这两个条件之下，搭便车的人将能相对容易地找到一个天真的、察觉不到他们的自私行为的人。如上文提到的，这一点也是人类社会系统尤为典型的特点。

所有灵长类群体都一样，紧密聚居造成的压力必须受到控制，否则它们将会掩盖群体生活带来的优势，并且最终将群体成员分离开来。灵长类的社会群体会被维持在一个平衡的水平，因为猴和猿拥有高端的社会认知技能，使它们能够控制社会里出现的破坏势力。而且，这些技能估计是基于灵长类异常庞大的大脑所拥有的计算能力。我们会在第十一章探讨这个过程中更多相关的细节。

小结

人类身处在社会关系的网络之中，每个人的社会关系都是一圈圈的发散式圆环。我们之所以能够紧跟社会关系不断变化的步伐，是因为我们有着与猴和猿表亲共有的高级社会认知能力。社会脑假说指的是灵长类相对于其他动物有着异常庞大的大脑，因此提高了自身的认知能力，从而拥有了更加复杂的社会生活。而信任和责任的概念就在社会生活的核心中，发挥着让群体中的人们相互合作的作用，以更有效的方式解决生存和繁殖的问题。然而，任何这样的系统都不可避免地受到搭便车的人（在合作中获得利益，但没有付出应付的成本）的侵扰，因此需要相应的机制来控制这个问题，从而避免合作的社会系统中的那些微妙的关系平衡被摧毁。

第八章

语言和文化

人类具有的两个特点可以将自己与其他动物区别开来，即语言和文化。在某种意义上，不应该将它们作为两个独立的方面，人类的文化依赖着语言：若没有语言，人类文化就不存在，因为文化的交流必须使用语言。反过来说，语言是文化构成的核心部分——我们所说的语言是文化中的一个非常重要的内容。然而，为了考察它们的进化，适当的做法是将两者区分开来，因为语言必须拥有针对说话的解剖适应结构，而这种解剖结构与文化完全没有关系。无论如何，我们首先需要考虑的是人类如何并且为何独有语言和文化。

人类的独特性

在过去的一个世纪里，社会科学家发表了大量的声明，表示他们认为语言和文化是人性的定义性特点，这两个方面终究将我们与飞禽走兽隔绝开来。然而同样地，习性学家在过去的这么多年里，也不辞辛劳地告诉人们，语言和文化都不是人类独有的。在何以使人类独一无二的讨论中，这两方的争论一直扮演着主要角色，而我们还需要花点时间来评估一下双方的观点。先从语言开始讨论，它在历史的任何细节上都是最先被探讨的。

语言是一个交流系统，通过主观的符号或信号来传达概念。一般而言，人类语言使用的是听觉媒介，所以语言和语音有着非常紧密的联系。然而，聋人群体证明了人类的手语有着和口语一样齐备的功能。语言的定义性特点是信号——含义关系的任意性（用来表达某种概念的声音和手势与概念本身并没有形象上的联系。举几个例子，公厕用来标记男、女的符号是经过缜密考虑的，图形与概念的本身有关联；而英文单词 male（男）和 female（女）则与概念本身没有关系；语法在简化复杂信息编码时所扮演的角色；说话的声音可以具有变化梯度，但并非互不相关（说话的声音有一定的变化，但不是完全的不同，比如尖叫和叹息就是完全不同的）；发出的声音本身不带有情绪性（比如，尖叫就绝对带有情绪特点）。这并不是说人类说话的声音不具有情绪色彩，而是指声音本身的性质不带有说话者的情绪状态：同样的声音（或者单字）可以用不同的情绪状态来发出，但指的都是同样的事情（也就是指同样的概念或观点）。

传统的观点认为，动物的交流不符合所有这些标准。它们的声音是具有情绪性的，而且没有句法（语法）结构，也不用来表示特定的概念（也就是不具有语意）。然而，这些主张受到了习性学家的质疑。目前已知许多鸟类和其他动物对不同的掠食者（学术上称为"参照物"）会发出不同的叫声。举例来说，长尾猴会对陆地掠食者（如猎豹）发出一种叫声，而对空中掠食者（如老鹰）发出的是另一种叫声，甚至对蛇发出的又是第三种叫声。其他成员不需要看向发出声音的个体，就可以通过这些叫声做出合适的躲避反应（比如，跑到树上、从高处下来以及在草地上四处张望）。同样地，据说狨猴还有简单的语法形式，可以改变特定叫声的含义。

尽管可以认为这些观点全都是正确的，并且接受人类语言的雏形同样也存在于非人灵长类之中，但我们仍然不得不承认，没有一个非人物种（包括有着夸张舞蹈"语言"的蜜蜂）拥有与人类语言一样复杂的交流系统。近期的一个研究表明，尽管绢毛猴（狨猴的近亲）可以明白简单的语法，但是它们不能理解更加复杂的语法规则，这样的规则可以使得一连串声音中相隔很远的两个音节彼此关联（对一段冗长的、语法结构完全的句子的分析要求对声音进行层级化加工）。举例来说，蜜蜂可以理解其他个体关于花蜜位置的"语言"，但也就仅止于此：它们不能使用自身的语言系统来讨论天气、责备偷懒的雄蜂，或者讨论哪个地方适合明年夏天居住。就我们所知，只有人类才能够讨论这样的话题。

尽管通过语言来定义我们想要表达的东西是比较容易的，但要给出一个完全贴切文化含义的定义难上加难。不同社会中的人们的行为表现也十分不同，这显然是由文化造成的，而这些行为是我们从当前所处的社会群体中的其他成员那里学习来的。然而，这也引出了三个完全不同方向的学科（社会人类学、习性学和心理学），它们均对文化十分感兴趣。

从传统上，社会人类学家认为"文化"主要指的是人类从其他人那里学习来的行为内容。20世纪50年代的一项著名调查得到了一个结论，人类学家使用这个术语（文化）来表示超过140种不同的现象，因此根本不可能辨别出哪一个才是"正确的"文化。事实上，这些现象之中的大部分内容可以总结为三个方面：(1)行为规则（通常指社会规则，比如宗教仪式、问候方式、餐桌礼仪等，还包括与运作有关的一些形而上学的信念）；(2)人造物品（人工制造的东西，比如工具或者结构——即考古学家通常所说的"物质文化"）；(3)文学、音乐和艺术（也就是我们所说的"高雅文化"）。从这些术语来看，这三个方面很明显地共有一个特性，即都是某些人思维里的想法。对于在特定情境中应该如何行动（或者世界为何是这个样子的），我脑中有一个意象；当我在制作一个特殊的工具时，我脑海中有一幅画面；当我在创作一部喜剧或者一幅画时，我想要传达一个特定的故事或者含义。对人类学家来说，文化与内在含义有关，也与这个内在含义如何被想象有关。

习性学家则强调文化的现象——行为的本身。他们认为，当行为模式从其他个体那里习得而来时，很自然地导致了临近群体间行为模式的分化。因此，习性学家在寻找文化的相关证据时，更多地关注于不同人群之间的习性或行为方式的差异。他们满足于将这样的一种证据作为动物文化的例子，即相邻的鸟类或者鲸鱼群体（或者在相同群体的不同代际之间）有着不同的歌唱方式。生活于非洲不同区域的黑猩猩群体使用不同的工具敲开棕榈果坚硬的外壳，或者使用不同的技巧从土堆里取得白蚁，习性学家很乐意将这些当作文化差异。这些群体有着不同的行为方式，但很显然，这些行为方式不仅是由所处的环境造成的。除了文化，没有理由可以解释，为何一个地方的黑猩猩用草茎钓白蚁，而另一个地方的黑猩猩用嫩枝来钓白蚁。

相反，心理学家关注文化学习的心理机制，他们指出，行为差异存在于许多学习过程之中，然而我们不会称一些学习过程为文化。一只动物（或者甚至一个人）的注意力可能会被同类的行为吸引到自然界中的某些东西之上，然而，如果通过尝试错误明白了如何操作这个东西，就会在两个相邻的群体之间产生不同的行为模式，但我们不会想把这种差异认为是与文化有关的事情。心理学家坚持，文化这个词的使用需要确定一名个体是在真正地模仿他人行为，他既要明白行为具体操作的物体是什么，也要明白完成目标所使用的方法是什么，而且不需要尝试错误就可以完成任务。只有看到这样的模仿证据时，我们才可能真正认定我们拥有一个文化的行为。

人类学家、习性学家和心理学家用来判断文化的标准皆不相同。第一个强调的是行为的社会含义，第二个强调的是群体之间的现象差异，而第三个将传递的机制放在核心位置（将文化当作一个社会模仿的过程）。我们无法说出谁的定义更加准确，因为他们的关注点是不同的。我们必须判定自己探讨文化的目的，然后再使用合适的定义。

就目的而言，我们必须明白，文化代表着从社会中的其他成员那里学习的行为，并且无须对参与的心理机制过于焦虑，我们感兴趣的或许会更接近人类学家的观点：我们将主要关注那些人类社会的基础行为规则。

语言是如何且为何进化的

传统的假设总是认为，语言的进化是为了交换关于物质环境的信息，这通常被解释为与打猎的组织、对未来的计划或者指令的给予（比如告诉他人如何做出一个石制工具）有关。然而，近十年来有一个全新的解释出现——语言在本质上是为了满足社会需求而发展出来的。已被提出的可能功能包括协调社会契约（需要对符号化的社会关系的理解）、配偶关系（侃天者效应[①]）——语言技能是与配偶品质有关的可靠信号（配偶靠语言使对

[①] Scheherezade effect，源于机智的女子舍赫拉查德用 1001 个迷人的故事吸引古阿拉伯国王沙赫里亚尔的注意，成功地打消了后者想杀她的念头的故事。——译者注

方快乐，确保双方为这段关系持续地付出）和社会纽带（**流言假说**，gossip hypothesis）——促进庞大社会群体的团结。

　　语言提供了这三个看似可能的功能，但我们必须提出一个疑问：这三个方面是否在语言起源之初同时出现，还是其中一个作为主要功能最先出现，而另外两个后来才出现？尽管这三个方面都有明显的选择优势，但是流言假说有着额外的优势，因为它能够解决一个额外的问题，即如何将庞大的社群团结起来。因此，社会契约（尤指那些关于尊重他人选择对象或配偶的权利协议）对社会的稳定有着重要的作用，尤其是当社会群体变得十分庞大而竞争对手数目众多时。不管社会群体是大还是小，哺乳动物和鸟类都能通过尊重其他个体的配偶或者让自己的配偶高兴的方式解决问题。然而，一旦社会群体变得庞大，大批随时备战的竞争对手增加了风险，这时，社会契约和侃天者机制就能及时发挥自己的长处。相反，流言假说表明，语言是庞大群体产生的先决条件，因为它能提供所需的基本机制来使个体团结成为一个稳定的社群。

　　流言假说的本质来源于对猴和猿的观察，它们通过理毛来维持所处社会群体的团结。理毛能使大脑释放内啡肽（大脑自身的镇痛剂），让情绪达到轻微的兴奋状态。内啡肽以一种目前还不清楚的方式让个体产生温暖和满足的感觉，让它们更加信任和忠于为自己理毛的个体。这种身体的接触（如抚摸、摩擦和按摩）对我们人类来说也有相同的效果。身体的接触是一种交流的方式，而且还能够释放强烈的情感。我们可以从一个人的触摸中感觉到其丰富的意图、愿望和诚意，这会比从其话语中得到的还要多：一下触摸胜过于千言万语。

　　在对猴和猿理毛的观察中发现，进行社会性理毛的时间与社会群体的大小有关。为了达到社会整合的相同水平，群体越庞大，每名个体就需要花越多的时间为其他个体理毛。对这种现象的原因，我们在这里不多做解释。重要的是，进行社会性理毛的时间必然有个上限，这就最终限制了社会群体的大小。如果一个群体的大小超过了限制，那么这个群体将无法充分地凝聚，甚至还会濒临分裂。

由于觅食也有时间上的需求，理毛时间最多占整个白天时间的20%，这就意味着动物实际上不太可能花更多时间进行社会交往。理毛时间的限制使得群体不会容纳超过70~80名个体。然而人类群体的数量一般在150人左右，如果用上述猴和猿的比例来计算，我们则是用了45%的时间来进行社会性理毛。当我们面临觅食需求的竞争时，这么长的理毛时间是很难保持下去的。通过大量的自然人抽样数据显示，我们实际上只花了20%的时间来进行社会交往（与猴子的时间上限相同）——我们之所以能够更有效率地利用时间，正是因为我们使用了一个新颖的交流媒介——语言。

语言通过至少三种截然不同的方式，让我们更有效率地利用有限的社会时间。一是语言允许我们在同一时间里对许多个体进行"理毛"，同一时间的交谈一般是由1名说话者和最多3名聆听者组成（如果有更多的聆听者加入，那么交谈将很快会一分为二——除非某人非常重要，可以成为众人的焦点）。反之，对猴和猿来说，理毛只能是一个一对一的活动；人类更加容易受到冒犯，因为如果我们"理毛"的伙伴试图将其注意力从我们这里转移到别人身上，我们就会感到难堪。二是语言允许我们交换关于社会网络中的其他人的信息，使我们能够密切关注这个时时变化的社会环境，而猴和猿就永远无法知晓在它们看不到的世界里发生了什么。三是语言允许我们评论（或监督）他人的行为。

语言何时进化而来

这里不考虑语言为何得以进化的问题，而要考虑它是何时进化而来的。不幸的是，只有骨头里的化石记录被保存了下来，没有留下行为记录，这就使得确定说话或语言现象的出现时间的工作变得非常困难。有三个解剖学上的证据提供了线索。一是控制舌头运动的神经的直径（或者至少是神经通向颅底那个洞的大小），因为说话需要对舌头和嘴唇进行非常精细的运动控制，因此人类的这种神经无疑比猴和猿的大得多（相对于身体尺寸来说）。同样地，说话还要求对呼吸有着很好的控制，即控制胸腔和肋骨之间的运动，人类再次展现了与猴和猿的差别，位于上胸腔的椎骨比其他动物的更加粗壮，因为骨头中心需要包裹更多控制呼吸的神经。对人科的化石标本进行考察指出，这两种神经的增大发生在约 50 万年前，是古人类（海德堡人）首次出现的时候。

第三个解剖学上的线索来自于对群体大小（如使用新皮层的大小来预测灵长类亲密关系的方式）和团结社会所需的理毛时间（再次使用对灵长类标准关系的预测）之间关系的调查。如果我们假设超出理毛时间的上限是完全不可能的，那么通过绘制一幅关于不同的古人类之间所需的理毛时间与他们各自的考古年代的关系图，就可以得知语言是于何时发生的。如果我们将理毛时间上限的门槛定为 30% 的日常时间（由于个体会尽力从其他地方挤出来一些时间投资在他们的社会关系中，所以这里的时间可能有一些下降但会超过对猴和猿观察到的 20% 的时间），就会发现这个门槛在 50 万年前就被跨越了，那时是海德堡人刚出现的时候。因此，这三个解剖学上的线索似乎都指向了同一个时间。

近来，一项对人类和猿类之间某个基因（有关于语法使用的能力）的遗传差异性的分析表明，大约在 20 万年前（大约是智人出现的时候）出现了两个关键的转变（在 FoxP2 基因的位置上）。这就得出了一个有趣的可能，即说话的能力可能远远早于语法的能力。这怎么可能呢？

一个可能的解释来自对说话和语言的观察，说话和语言作为两个独立的现象反映出人类的有些语言并没有说话的参与（比如手语）。有一个合理的解释可以说明说话能力和合乎语法的语言能力之间为何存在时间上的分离，即在语言的前期阶段，人们会使用一些非语言形式的有声语言来作为联结社会的工具。一个明显的例子就是音乐——尤其是没有歌词的哼唱。这种"语言最初是以公开歌唱的形式存在"的可能性，帮助我们解开了一些用其他方式难以解释的疑惑。第一就是音乐本身的进化，以及音乐对我们无疑有着非常深刻的情绪效价[①]。第二就是它提供了在非人灵长类的发声和人类说话之

[①] 情绪的正性与负性的特性。——译者注

间的一条清晰的桥梁，人类说话不需要多大的跃进，因为我们在猴和猿的声音交流中发现了与没有歌词的哼唱相似的地方。或许更加重要的是，歌唱显然需要有与说话完全相同的声音控制。当歌唱的复杂程度逐渐提高时，语言进化所需的那些先决条件得以出现，这或许为进化提供了一个中间环节。第三，音乐提供了一条通向语言的桥梁，因为它似乎跟理毛一样，也能释放内啡肽（在歌唱，尤其是在公开场合歌唱之后，我们能感觉到温暖和头昏眼花）；但同时又跨过了理毛的门槛：我们可以在工作的时候歌唱，也能同时唱给许多人听。最后必须提到的是，我们的音感基于大脑的右半球（而语言基于左半球），右半球似乎是开发得更早、更原始的神经系统，通过这个证据或许能更加清楚，在系统发生的进程中，音乐无疑早于语言出现。

达尔文、基因和文化

进化生物学家开始对文化的某些现象产生兴趣，因为这表示或许有这么一个可以探索传承机制的机会，这种传承与他们熟悉的遗传特质传承存在着根本上的不同。常见的生物特质从一代人传递到下一代通过的是一种特殊的机制，也就是通过有性繁殖中众所周知的一种分子——**脱氧核糖核酸**（DNA）。然而，自然界中可能还存在另一种形式的传承，这就会带来一种崭新的进化过程，这种可能性激起了生物学家的兴趣。近期的研究发现了一个相当令人振奋的可能性，即病毒也许可以将遗传物质从一名个体传递到另一名个体身上，并且将这种新物质插入后者的遗传编码中。艾滋病可能就是由这种机制引起的。然而还有另外一种机制是我们非常熟悉的，那就是学习。

进一步细想会发现，学习（尤其是社会学习）显然就是一个达尔文进化论的过程：它包含着选择性的保留和现象（通常指的是规则或观念）的传递。确实如此，这种被关注的现象甚至可能是在一个意外中发生的，就好比遗传变异一样。虽然基因传递和学习之间共享许多重要的相似性，但它们还是截然不同的。尽管如此，若将这些差异搁在一旁，就会发现它们的运作模式其实是非常相像的,都是选择性地将信息传递到下一代。

模因(meme)这个术语是由理查德·道金斯(Richard Dawkins)创造的,和我们用基因来表示生物遗传的单位一样,模因指的是文化传递的单位。从这个角度来看,你应该会发现"基因"指的并不是 DNA 的片段,而是遗传学家所说的孟德尔基因(孟德尔牧师是现代遗传学的奠基人,我们在第一章讨论过他对当代进化理论的贡献)。孟德尔基因是可以从外表看见的,或者说是身体的一部分(如眼睛颜色、手指数量),尽管它们与编码出自身的 DNA 有着显著的相关性,但它们并不等同于这些 DNA 组块。模因相当于文化的孟德尔基因,是表型上的传递单位。

作为文化的进化过程中的一个概念,模因这个术语的使用时常受到人类学家的批评,他们认为这种与基因和达尔文进化过程的类比是不恰当的。争论的内容是这样的,人类学家认为,基因是可以被单独识别出来的一部分(不管是 DNA 的,还是身体的),但是文化(比如个别的行为规则或陶罐的设计)不能被分割成更小的成分。他们认为文化是一个整体,作为单一的整体,一代又一代地传递下去。我们通过所处群体之中的引人入胜的文化(它的思想、信念、行为规则)成为我们的社会群体中的一员。这看起来似乎是一种合情合理的论证,但遗憾的是,它其实不能经受进一步的检验,原因有三:

首先,基因(或是孟德尔观点中的特质)是不可以独立于有机体其他部分的单一现象。一只手臂是一个孟德尔特质,该特质毫无疑问建立在某些相当明确的 DNA 片段上,但若脱离手臂所连接的身体,或者离开它发育所处的胚胎环境,单独看待手臂就没有什么意义了。手臂只有作为身体的一部分才有其生物学上的重要性。遗传学家和进化生物学家在讨论手臂的问题上不会感到太困难,因为手臂的进化适应性和历史是互相独立的。但这并不意味着他们没有考虑身体的其他部位,整体性贯穿在双方的争论之中。简而言之,人类学家的批评是基于对生物学家的误解,误解他们在分析生物现象时对进化论方法的使用。

模因、孟德尔式基因和 DNA

遗传的机制最先被发现于一个非常缜密的系列实验中，是对豌豆和其他开花植物进行的实验，实验者是 19 世纪 50 年代的一名奥地利牧师格雷戈尔·孟德尔，他同时还是一名业余科学家。他指出，诸如豌豆的颜色或纹理的特征（或特质）都会通过相同的方法，即随着因子（factor，孟德尔创造的术语，后来被 20 世纪的生物学家称为基因）一起，一代又一代地传递下去。一个世纪之后，孟德尔的因子被认为等同于 DNA，即被发现在所有生物细胞里都存在的生物分子，是细胞能够自我繁殖的原因。

DNA 分子链被发现在每个细胞的细胞核中，由一系列可以指导制造出新躯体的化学物质组成。然而，孟德尔因子并不完全等同于 DNA 片段，也就是当代生物学家所说的基因。孟德尔基因指的是实际特征本身（眼睛颜色、手指数量等），以某种程度的一致性在父母和孩子之间传递；而 DNA 分子链中的基因则更像是一份创造出这些特征的食谱。身体的大多数地方都是由许多微小的 DNA 片段组成的，而这些片段又分处在 DNA 分子链（也称为染色体）上不同的位置，甚至分处在不同的分子链上。同样地，一些 DNA 基因可以同时影响不同的特征。（生物学家常使用基因这个术语来指代很多不同的生物实体，这种做法往往让非生物学家十分困惑；然而，生物学家总是能通过上下文知道，文章里正在使用的是哪个定义。）

模因更像是孟德尔基因，因为它们都是可以观测到的东西（行为的规则、想法），然后从文化的父母传递到文化的子女那里，在传递的过程中，这些东西几乎没有折损。模因与基因的区别在于，模因传递的方式是通过学习（而不是通过生物繁殖），在一些情况下，模因的传递与病毒和其他感染途径更相似。这表示它们可以在无血缘关系的个体（老师和学生）中发生，而且自我繁殖得非常迅速（学习几乎可以瞬间发生）。然而尽管如此，在模因的传递之中，还是具有相同的选择过程。

其次，根据人类学家的观点，文化是作为一个单一独立的现象传递下去的（来自 Emil Durkheim 的观点，他是 20 世纪早期当代社会学的创始人之一），这种观点反映出一种特殊的历史角度。人类学家（以及社会学家）倾向于关注此时此刻的社会现象。因此，他们会问：一个人如何获得他所拥有的文化信念？答案显然是这样的：在童年时期相对短暂的时间里，从父母、同伴和老师那里学习而来。儿童获得信息时一般是较为不假思索的，别人告诉他们什么，他们就会相信什么。这是一个发展观点，但缺少历史（或进化）的视角。我们还应该问：一个特定的文化是如何出现的？或者为何两个有着相同祖先的社会却有着如此不同的信仰？第二个问题正是进化论解释的焦点。人们如何学习他们的文化是一个发展命题，而且不同于廷伯根提出的为什么。我们仍需要提出合理的疑问：文化是如何、何时、为何进行了如此长时间的变迁？

最后，考古学家对生活于美洲西部的印第安人制造出的编织篮和陶罐样式的历史发展（进化）进行了研究，结果表明，篮筐和陶罐的图案和元素在设计上有着时间上的区块。换句话说，这些区块完全不是可被任意添加或删减的单一现象，篮筐的设计也不是整体不变地被传递下去的。一代又一代的人们采用（或者抛弃）了某些元素，因为这些元素更具有功能上的优势，或因为它们突然流行了起来。这些元素的组合将会作为一个整体随着时间传递下去，但它们可以被与其他元素任意混合和匹配。换言之，我们可以将特定文化现象的成分区分出来，然后将它作为一个简单的进化论特质分析它的行为。

我们还需要考虑最后一个问题，即基因和模因的差异，这对我们用进化论的视角来分析行为有着非常重要的意义。遗传特质——大部分地——只能从父母传递给孩子。而文化的过程却有着更加复杂的传承模式。除了由父母传给亲生子女的这种常规传递（也称为垂直传递），文化特质的传递还可以发生在同辈之间（有着相同血缘的人们：平行传递），以及没有血缘关系的人们之间（比如老师传给学生：间接传递）。这使得文化传递的动态过程变得非常复杂。

文化传递的方式千变万化，因此模因传递的动态过程也是变化多端的。学习是一个比生物繁殖还要迅速的复制过程，生物繁殖有着固定的运作时间，该时间的长短由每个物种的繁殖周期决定。一个文化过程的传递速度只会受限于从人群中发现一名一无所知的人的速度，以及这个人学习新规则的时间。它不会被孕期、哺乳期或者社会交往拖慢脚步。然而，尽管学习能加快文化的进化，但这并不意味着文化现象始终处在不稳定的状态。文化的传承有时出乎意料的缓慢。其中一个原因就是文化现象（指的是父母与孩子行为之间的关联性）的遗传可能性非常高，而且高过许多生物现象。孩子在很大程度上倾向于拥有同父母一样的宗教信仰、政治观点和休闲爱好，但他们的体重与父母的相关只有20%（另外的80%取决于发育时期的环境影响）。在某种程度上说，这是孩童时期社会学习的结果，这个内容我们在第四章曾讨论过。

意向性、语言和文化

到目前为止，人们倾向于把语言看作一种广播行为，常常将它比作正在播放信息的灯塔，播放出的信息由身处在灯塔之外的收听者接收。但是这种方法忽视了语言的一个关键内容，即语言是一个社会交流的形式，聆听者和说话者一样的重要。聆听者必须使用丰富的读心能力来理解说话者正试图（企图）表达的内容。（读心是理解他人内心的能力，从而可以从他人的视角看待世界。我们在第四章讨论过读心能力和心理理论，以及与心理理论有关的一个概念——意向性。）聆听者至少需要使用次级意向性——"我推测你正打算做……"如果对话是关于其他人的，就需要第三级的意向性——"我推测你认为詹姆斯打算……"

心理理论还能解释我们在语言使用上的一些怪癖。语言可以作为交换信息的精准工具，但我们经常故意费尽心思地混淆别人的视听。我们经常使用隐喻。在人类语言中，几乎没有一个字只有唯一的含义，大多数都有着许多隐含的意思。我们说小溪奔向远方，说人们是砥柱（困境中的依靠），还说拉开我们身后的门（这里并不是指"拉"这个字的表面含义）。心理理论让我们从字面含义中挑出隐喻的内容，从而理解人们的讽刺或挖苦，最重要的是理解别人开的玩笑。开玩笑是人类的一个奇特行为，并且需要心理理论才能做到。实验证明，心理理论缺失的人（比如孤独症患者）无法理解玩笑和隐喻。

在哲学家 John Searle 看来，心理理论和语言以一种意义深远的方式与文化联系在一起。请回忆第四章的内容，当儿童成长的时候，他们会从一个共享的意向性转换到一个集体的意向性：他们对自己和他人内心的理解不断增强，从而理解和吸收文化中的观点和习俗。Searle 认为，这种集体意向性的很大一部分是理解和忠于制度事实（institutional facts）的产物。制度事实指的是：世界之所以存在，是因为我们都同意人们所做的一切，比如婚姻、政府和金钱，这些都是很明显的例子。你钱包里的一张特殊的纸之所以有着5英镑的价值，正是由于我们都同意它能拥有这样的价值。对一张纸来说，其本身并没有这样的价值。Searle 还认为，语言和心理理论对制度事实的产生是至关重要的，也因此对文化是非常重要的，由于制度事实本身是符号化的，所以它完全依赖语言。我们需要心理理论来理解这种由集体协议得来的事实，而且这种事实还以相同的方式存在于每个人的心中（也就是我们所有人都有着同样的信念）。

这些似乎是人类独有的技能，尽管有证据表明，黑猩猩（或者其他大猿）几乎可以完成与心理理论有关的任务，它们的表现与那些正在掌握心理理论的儿童差不多但不会更好，并且它们的能力远不及那些心理理论能力已经发展完全的 6 岁人类儿童。据我们所知，大猿是唯一能够和人类媲美的动物。猴子和其他物种的动物仅仅能够拥有初级意向性。借用 Robert Seyfarth 和 Dorothy Cheney 的一段话：猴子是优秀的习性学家（它们知道如何理解和处理其他个体的行为），但他们不是一个很好的心理学家（它们不能理解行为的想法）。人类的能力并没有被限制于次级意向性，正常成人最高能够解决五级意向性的问题，还有一些特别的人可以到达更高的层级。

有证据表明，不同物种可以达到的意向性层级在根本上取决于大脑核心区域的体积，大脑皮层的额叶尤为重要，被认为在帮助我们区分现实和虚幻以及预测事情未来的发展方向方面扮演着重要角色。如果真是如此，那么用不同物种大脑的这个部位的相对体积就能解释为什么人类可以达到如此惊人的高意向性层级，而其他物种不能。对灵长类新皮层不同区块的体积进行比较分析的结果表明，只有大猿能够腾出足够的空间来使达到次级意向性成为可能，而这也解释了为什么有一些证明黑猩猩具有心理理论能力的证据，而在大脑相对较小的猴子身上没有类似的证据。心理理论和高层级意向性从实质上来说可能是一个具有特定尺寸的大脑的计算能力，以及因此又有多少新皮层可以从初级知觉加工、运动协调、记忆和其他常规认知加工中节约出来的自然属性。

小结

语言和文化（通过社会学习将观念和行为规则代代传递下去的能力）是人类所独有的。尽管动物在一定程度上展现了这两种能力，但是它们具备的与我们所拥有的是完全不可比拟的。我们认为，这与人类住在庞大、分散且经常受到搭便车的人骚扰的社会群体有关。语言除了能够传递有关世界的知识之外，还能通过"在远处理毛"的方式为我们提供一个可以促使社会团结的机制。语言不仅能让我们向社会中的人们表达我们对他们的兴趣，还让我们相互交换有关这个社会网络的信息，让我们能够时时更新网络中正在发生的事情，并且还让我们训诫那些违反社会规则的人们。文化的共享同样也提供了一个方法，让我们可以识别出与我们同属一个社群的个体，这些人与我们有着相同的责任和义务，并且能在我们需要的时候提供道德或者经济上的支持。语言和文化都取决于人类独有的读心能力的高级形式，因此它们可能都来自同一个相对近期的进化起源。

第九章

人类的独特性

英国前首相撒切尔夫人有一句名言,"根本没有社会这回事儿",这表明她更倾向于认为,世界是由极尽努力追求个人利益的个体组成的。这听起来似乎有点耳熟,其实它就像是一幅反映道金斯自私基因观点的讽刺漫画,是绝对"右翼"的进化假说。而到了现在,大家都清楚自私基因的讽刺漫画是不正确的,所以撒切尔夫人的观点当然也是错的。没有社会,人类根本不可能统治这个星球。

然而,另一个极端的观念——整个社会决定了个体的行为——也是错误的。人们的确表现出了一种强烈的倾向,他们遵循且拥护自身所处文化中的社会规范(也就是说,我们感觉自己的行为是受到文化暗示的),但是当这些社会规范与他们的利益发生冲突时,人们会做出对自己更有利的行为。这句话必然是正确的,否则文化就永远不会发生改变,人们也不需要去回顾历史的片段。

在前两章里,我们讨论了人类的社会行为和文化行为,谈到了这些特质的进化过程和功能,以及它们如何使人类构建出一个与其他动物完全不同的社会。而在这一章,我们想要谈一下文化变迁的机制,探讨一下这些变化是否具有适应性:文化是否帮助个体提高了自身的繁殖成功率?是否只能提供锦上添花的——只是让生活变得稍微有趣,但与我们将基因传递给后代的能力无关——不好也不坏的作用呢?

文化进化的过程

这些问题的本质让人十分着迷,因此鼓舞了大批的研究者对其进行研究,建立了许多关于文化变迁过程的模型,并探讨该过程与生物进化的关系。最重要的是,这些非常专业的数学模型并没有给出简单的解释,所以我们在这里不对这些模型做过于详细的介绍(参考书目中列出了相关出处,可以帮助你进一步了解这些内容)。总的来说,模型共分为三个类型,只在对基因和文化之间关系的假定上有着些许的不同。

有一类模型假设,生物总是用"一条链子"拴着文化:对个体适宜性起反作用的特质最终都会灭亡,谁拥有这个特质,就会被自然选择淘汰。当特质从父母垂直地传递给孩子时,文化特质的适宜性与个体自身具备的生物适宜性也产生了直接的联系。然而,从交互论者的观点来看,这些分散的、学习而来的行为(文化)显然不可能通过特质的遗传继承。如果由文化学习而来的行为像生物特质那样,也可以通过遗传继承,并且有着同样的适宜性作用,那么它们就是生物特质,就没有所谓的生物用链子拴着文化的说法了,因为文化就是生物。

第二类模型认为,遗传和文化特质之间的联系并不是密不可分的,它们各自有着独立的部分,这类模型的目标就是发现在什么条件下,遗传和文化适宜性能够达到最大值。举例来说,人口中的男性比例偏高,可能是由于社会对儿子的偏好给人们施加了强大的遗传选择压力,从而使男婴和女婴的数量不成比例。这种社会偏好不需要具有适应性,但经由文化习俗与可遗传的生物特质之间的交互作用,产生了重要的进化演变。

第三类模型把基因和文化看作完全独立的两方面。这种方法又被称为**双重继承理论**(dual inheritance theory),因为它把基因和文化看作继承的两种不同形式,彼此可能或不能与对方交互作用。这种文化模拟的形式被认为是最具有潜力的假设,因为它能解释为什么我们会做出那些损害自身适宜性的行为。

有件事我们必须留意，文化和生物有时似乎是独立行动的，因为人们低估了某些"生物"特质所蕴含的文化基础。有些事情是以一个"生物"特质显现的，但实际上，它的形成需要非常多的文化输入。一个特质的文化根源如果表现出只有通过"生物"继承才能产生的模式，那么它的文化性就很容易被忽视。在发展的过程中，文化观念和生物特质之间的相互作用非常重要。饮食就是一个明显的例子，也许可以认为，饮食口味受到身体对某些特定营养的需求影响，至少有时候的确是如此。但是如果要以此来解释我们所有饮食上的喜好，似乎就不太合适。比如，我们是否喜欢辛辣的食物，这在很大程度上取决于我们年轻时曾经有过的经历。Elizabeth Cashdan 曾经指出，儿童可以接受的食物范围（甚至他们长大后尝试新异食物的意愿）取决于他们断奶时期饮食经验的多寡。

文化的作用独立于个体的生物适宜性，甚至对其起了反向的作用，这种现象通常是由水平的传递方式——同辈之间的思想交换——产生的，而不是由于父母与孩子之间的交换。正如我们之前指出的，观念若是从父母到孩子的垂直传递，这些通过学习而来的行为成功与否往往取决于后代的存活和繁殖，这些后代还需要继续将这些行为传递给自己的孩子。那些被认为能够提高适宜性的、经由学习得来的行为将会如其他表型特质一样被选择出来。如果经历的时间足够长，将会与这些表型特质一起协同进化。然而，如果一个观念是通过水平方式传递的，拥有这个观念的人的存活和繁殖就没有那么重要了，因为观念的存留不依赖这些观念拥有者的后代。对观念的传播来说，观念拥有者的存活并不重要，因此不利于发展的现象会越来越严重。双向继承理论因此把重点放在文化特质传递和学习的特殊机制上，因为这些机制决定了基因和文化相互作用和协同进化的程度。

从众偏差和文化变迁

文化进化还有一个部分是比较好理解的，即有关文化变迁的心理学内容。人们之所以常常感到自己的行为受到文化的影响，是因为人类表现出一种强烈的**从众偏差**（conformity bias）：在某种情况下，我们倾向于做他人所做的事情。即便我们很清楚他人做的是完全错误的，我们还是会"随大流"，不再信任自己对当下情况的评估。

在 20 世纪 60 年代，John Darley 和 Bibb Latané 进行了一系列堪为经典的实验，这些实验表明了从众效应能够具有多么强大的作用。实验情况是这样的，首先在校园里招募一名学生，要求学生到实验室来回答一份生活问卷，学生到来之后，让这名学生和其他几名学生待在同一间屋子里一起进行问卷的填写，而后几名学生其实是实验者的助手。几分钟过后，实验者通过墙上的排气管向房间里灌入大量的烟雾，想要让人以为这栋楼的某处失火了。那些助手事先已被告知了这个情况，并且被要求对其不予理会，继续填写自己的问卷。而那个一无所知的学生在那时会看向烟雾警报器，再看看那些正在冷静作答的学生，有那么一小会儿的迟疑，之后他继续回答手上的问卷。在随后的实验中，偶尔有那么几名学生会起身察看排气孔，但由于其他学生都表现得根本没有注意到这些烟雾，或者说他们不关心整个房间都充满了烟雾的情况，这些疑惑的学生因此也就回到了自己的座位继续回答问卷。整个实验下来，总共只有 4 名学生会离开房间，向实验者反映这个情况。其他的学生则什么也没做，即使大火似乎正在大楼里蔓延，并且即将威胁他们的性命！相反，当把一无所知的学生单独放在房间里，并开始灌入烟雾时，他们几乎全都立即向外头报告了失火的情况。此外，还有个类似的系列实验，实验方法是让学生对多个命题进行判断。在实验中，实验者的助手在被试旁边，一致对一个完全错误的命题表达出他们认为是正确的想法，比如一致认为比较短的线长于另外一条比较长的线。同样的，那个一无所知的学生会在最初表现得很困惑，但最后仍然会加入旁人的行列之中。

这样的实验十分精准地描述了从众偏差这个行为，表明了人们对从众的需求竟是如此强烈，甚至宁愿面对死亡，也不愿从人群中站出来表达自己的想法。那么，这种行为的优势在哪里呢？这种成本如此高昂的行为必须有能够平衡代价的收益，不然就会被自然选择淘汰。双向继承模型表示，从众偏差是一个非常有效的学习方式，可以在"信息缺乏"的环境中学习到适应性策略，在那样的环境里，通过一个人自身的努力很难获得所有相关的信息。通过采取大多数人所做的行为，采纳一大群人学习经验的结果，可以获得一种经过尝试、检验和证明的成功的行为方式。允许这种主流的文化来决定我们的行为，被认为是明智之举。考虑一下那些约束着每个人的道德行为，就会发现这非常正确。如果一个人想在群体社会中获益，遵循社会的道德规范是绝对必要的。当我们还是孩子的时候，不断地被灌输这些道德规范，而且我们通常也近乎盲目地遵守着这些规范。我们对这些道德和社会的规章是极度敏感的，而且通过观察他人的行为，就可以轻松地将它们从其他文化中挑选出来。那些学生不希望因自己注意到了"失火"而让自己看起来愚蠢，所以他们从众，与此相同，我们也害怕在陌生的文化下做出失礼的行为，所以会遵循身边的榜样所做的一切。我们采取了主人的道德规范，由此希望避免尴尬的情况发生。

然而，如果从众偏差在人类行为决策中完全占据主导地位，那么永远都不会有新的行为出现。从众偏差必须与个体的学习相互作用，并且个体需要在任何重要文化变迁发生之前感知到环境正在发生的变化（才能使他们不会一直遵循那些将永远无法成功的行为）。有一些个体的学习仍会持续下去，另一些个体相对于其他人来说则会表现出较少的从众。对环境变化的敏感使这些个体能够产生适应性反应，带来崭新的行为，然后他人通过模仿、社会学习的其他形式以及从众偏差（一旦行为变得十分普遍），将这些行为普及至人群当中。

在文化变迁的某些情况下，这些适应性反应是通过好几个世代协同进化而来的，不过还有一种可能，即人们拥有一种可塑的反应，在面对新机遇的成本和收益时调整自己的行为。举例来说，在中国西藏的传统社会中，一妻多夫（通常是一名女性与几名男性结婚，这些男性一般是亲兄弟的关系）的婚姻是当地的社会规范，也是人们对所处的恶劣生态环境的一种应对。在这种高海拔地区，生产力较为低下，这就意味着家族农场的持续经营对家族血脉的存留非常重要，因为如果将农场分割给所有可继承的儿子，经过几个世代，每个家庭分配到的农场将会越来越少，少到不足以维持各个家庭的生活（从而影响繁殖）。一妻多夫就是解决这种困境的适应性手段，因为它只将每个农场传给一个家庭，不需要分割，这同时也确保了适当且合作的劳动力。

然而在20世纪60年代，由于一种新型雇用方式的出现，使得印度藏民的一妻多夫婚姻关系大幅度减少。兄弟之中的弟弟一旦拥有了经济上的独立（比如进入政府工作或从事旅游业），将会脱离原有的一妻多夫生活，建立一个属于自己的一夫一妻制的婚姻（虽然大多数还是生活在家族农场中）。尽管一妻多夫制在文化上是牢固不可动摇的，并且是受到高度尊重的，但是一旦有机会可以脱离，这些男性几乎不会有一点犹豫。当然，对情况变化的敏感并不总是发生，这时，文化习俗会造成适宜性的降低而不是提高。在后面的内容里，我们将会讨论一些相关的重要案例。

从模型到真实世界

目前，探讨基因和文化协同进化的领域充斥着理论分析，但很少有真实数据，就像前文讨论的内容一样。并不是因为不存在这种数据，而是因为要取得能够正确检验这些模型假设和预期的数据是非常困难的。理解基因特质和文化特质之间的交互作用及其进化结果并对人类行为做出进化解释仍然是最大的挑战。如我们在第二章讨论过的，人类通过文化创新所形成的生态位构建行为可以产生与众不同且无法预期的进化动力。除非能够应付这个棘手的问题，否则我们没法给出一个全面且令人满意的人性论，并对人性起源做出解释。

在本章剩下的内容里，我们将回顾一些体现了文化习俗和生物倾向相互作用的研究，让你稍稍感觉一下与这类分析有关的习俗和行为。首先，我们将给出一个例子，用以描述基因和文化的协同进化是如何表现出提高适宜性的作用的；接着我们会继续探讨文化习俗在遗传上的中立性，以及它如何不利于文化拥有者的适宜性。

文化进化及其功能性结果

在欧洲和非洲的畜牧人群的乳糖耐受性可以说是基因和文化协同进化的一个最著名且最清楚的例子。虽然所有的婴儿都可以消化牛奶，但是对于大多数人类来说，在断奶之后不久，一般会丧失这种通过乳糖分解酶来消化牛奶的能力。没有了乳糖分解酶，饮用牛奶或食用奶制品将会引起严重的腹泻，造成体重下降，若持续时间过长，甚至可能导致死亡。但欧洲人和非洲北部的畜牧人群就不会发生这种情况。他们即便成年，还是拥有消化乳糖的能力。看起来似乎是这样的：在他们的进化历史中的某个时间点，祖先身上的某个掌管乳糖分解酶的基因发生了突变，使他们能够在断奶之后继续生成这种酶直至成年。由于这个原因，这些人可以更多地利用那些曾经无法食用的食物。人类学家 William Durham 曾经表示，这种基因的适应性曾受到行为适应性的强化，当人们处在营养不良的条件下时，食用牛奶这种行为本身就是一种强化。

Durham 认为，钙和维生素 D 的缺乏大概是最严重的营养问题（后者对高纬度地区的人们尤为重要，因为维生素 D 需要通过紫外线在皮肤上进行合成，因此在高纬度地区，人们要获得维生素 D 会相对困难）。而牛奶是这两种营养的最佳来源，因此家庭中经常备有乳制品，而这种食用乳制品的文化将能选择性地强化这种促进乳糖分解酶生成的基因变异。如果这些地区的人们没有遭受这种营养上的压力，没有被迫将牛奶作为食物，这种产生乳糖分解酶的变异也许就不会发生。如果饮食中不需要牛奶，而且也没有别的理由能鼓励牛奶的食用，那么通过自然的进化过程，这种乳糖分解酶的变异在几个世代之后就会消失无存，因为拥有乳糖分解酶变异的个体并不会活得比其他人更好或者更差。

然而，这种在营养压力下产生的食用牛奶的行为提供了一个新的选择背景。在这种条件下，拥有乳糖分解酶变异的个体相对于没有该变异的个体，有着更高的适宜性，因为他们能够更好地消化牛奶，并且在消化的时候不用经受任何痛苦。这种行为对这种变异来说是必不可少的，并且这种变异对这种行为要获得有长期适宜性收益的适应性来说同样也是必不可少的。两者结合在一起时，一个相互强化的协同进化反馈系统就建立起来了，随后，一种精细且成功的放牧和畜牧文化也就产生了。

还有一个较为不同的例子，即语言似乎能很自然地形成各种腔调。语言的演变速度非常快，本地的腔调可以在一个世代甚至十几年里就发生变化。生活在同一个村庄的父母和子女能发展出明显不同的说话方式，比如措辞和发音方式都会有很大的差别。Daniel Nettle 利用腔调进化的电脑模型解释了原因，认为这很有可能是由于腔调可以为人们提供很好的标记，用来区分彼此在社会中的角色，并且正因为人们在很小的时候就开始学习说话的腔调，因此这种腔调会伴随他们的一生。该模型表明，当人们在互惠关系中选择值得信任的伙伴时，利用腔调这个信号可以有效地避免选到那些破坏社会交换规则的搭便车之人。

中性选择之下的文化进化

如我们在第八章讨论的，文化的成分——模因——可以在它们自身的环境中进化。模因可以在社会中进行非常有效的传播，但它们不一定与个体自身的适宜性有关系，因为它们的传播是水平的而不是垂直的，所以它们的存留并不总是与个体的繁殖成功和遗传适宜性有关。俚语和服装的流行在很大程度上也可以如此来看待。穿一条既有拉链也有系绳的运动裤，和一条只有拉链的运动裤，在适宜性上面没有区别，然而，只有在模因所处的环境中，一种款式才可能相比其他款式获得更大的成功。

流行或者潮流可以随机地改变方向，因为只有一件事情可以决定它的成功，即它有多么的"热门"，相较于其他潮流，人们有多大可能去选择它。这很可能取决于个体对特定形状和颜色的偏好，换句话说，是这个模因与人们自身的信念和价值观有多大程度的契合，而不是在特定的选择压力之下必须选择出来的。由于这些特质通常会在同伴之中蔓延，这种水平传递可以解释为什么某种时尚只限于特定人群。中年男人的模因环境就有别于少女，因此在后者中广为流传的观念不太可能在前者中传播开来。广告产业每年要投入大笔资金分析存在于我们的文化中的多元模因环境，试图将广告信息有效地投放到目标消费者身上。要了解这种模因的选择，只需看看电视或者杂志。我们周围的世界就是一个模因实验室，我们能于其中学习到关于文化进化过程的各个方面。

有一个非常好的例子可以证明文化的变迁是由于人们现有的偏好造成的，这个例子或许是我们所有人都参与过的，那就是泰迪熊的进化。大概在20世纪初期，这种熊第一次面世时，它们的外形是非常逼真的，有着突出的鼻子和短小的额头。然而，Robert Hinde 和 Les Barden 的研究显示，随着一个世纪的演变，泰迪熊的造型变得越来越像婴儿，越来越可爱，有着很短的鼻子以及较高的额头。

由于泰迪熊的概念很明显不是一个由遗传继承下来的特质，因此我们可以非常肯定这就是一个文化特质。然而，这个文化特质似乎受到了某种生物特质的引导，即可以吸引注意力的婴儿特征（高高的前额和笑脸）。可爱、像婴儿般的特点具有与生俱来的吸引力，是大多数人类在抚育后代过程中的产物。有着婴儿外貌的泰迪熊因此更受消费者的欢迎——尽管人们一开始几乎察觉不到这个现象。泰迪熊的制造商显然是发现了销售得最好的泰迪熊，进而增加了它们的产量以得到更多的利润。由于消费者施加的选择压力，制造商生产出了更像婴儿的泰迪熊，而这就是泰迪熊的进化。

然而，实际上谁更喜欢这些像婴儿的泰迪熊呢？是买玩具的大人，还是得到玩具的小孩？为了得到答案，实验者对4～8岁的儿童进行研究，考察他们对泰迪熊的各种特征的喜好程度。结果发现，年龄越大的孩子越喜欢像婴儿的泰迪熊，而年龄较小的孩子没有表现出对这个特征的喜爱。这似乎印证了我们的预期，实际是大人的偏好而不是孩子自身的喜爱造就了"可爱"的玩具熊。

当模因变质时

文化有时还不利于其拥护者的适宜性，因此在进行文化规则的讨论时需要考虑这方面的问题。我们之所以对这个问题感兴趣，是因为只有它能为我们提供让人信服的例子，来证明文化的进化的确独立于遗传层面上的传统自然选择。

对于这个问题，Robert Aunger 提供了一个案例，这大概是目前唯一分析得最为全面的案例。在刚果伊图里雨林中，靠采集为生和靠种植为生的人们群居在一起，他们之间存在着一种回避对方食物的习俗。Aunger 通过对四个部落的研究数据计算得出，平均下来，食物回避每年会造成摄入的营养减少1%（相对于不具有食物回避习俗的群体来说）。这只造成了很小的影响，可以说是一个不好也不坏的自然选择，使得回避习俗能够坚持下去，并且就这么进化下去。

然而，为了遵循他们的饮食习俗，样本中的两个部落（Mamvu 和 Lese）的女性耗费了非常巨大的代价，换算下来，她们相当于失去了大约5%的生育能力。这两个部落之所以如此与众不同，就是因为他们从夫居住的习俗，因为女性在结婚之后要离开出生的家庭（通常是很小的时候），她们身边没有能够给她们提供可靠饮食信息的人（母亲和女性长辈）。因此，身处异乡的她们仅能凭借幼年时获得的习俗来指导自己的行为，让这些习俗一直维持下去，尽管这些习俗可能已不再适应她们婚后居住的环境。

这些女性之所以没有采取"入乡随俗"的从众偏差，是因为她们在小时候学习而来的道德行为规范是很难改变的。如我们在第四章所述的，如果一个人的特质的获得发生在非常小的时候（当他们在一个特定的家庭环境中成长时），这些特质会非常牢固，足以抵御往后生活中所面对的变化，因此，某些特定的生活方式才会在许多世代中源远流长地维持下去，比如家庭结构和婚姻模式（一夫一妻与一夫多妻，以及结婚后的居住地），以及亲属称谓和继承模式。进化生物学家 Luca Cavalli-Sforza 和同事发现，在美国，后代成年之后的信仰和居住地与父母的信仰和居住地有着惊人的高相关。

女性对食物回避的行为也是有可能发生的，因为这种行为与她们身边那些不用遭受任何压力的行为非常相似。Mamvu 和 Lese 的女性要不要遵循她们婚姻部落中的习俗？或者当她们无视这些习俗时，是否立即付出了代价，比如社会排挤使得她们最后遵循了这些习俗？了解这些问题想必是非常有趣的。

但我们目前还无法回答这些问题，我们也不清楚这些影响是否长期稳定。它也许只是 Mamvu 和 Lese 部落当前的一个学习过程，学习不同饮食习惯之间的成本和收益，也许经过足够长的时间，当他们意识到这种不利的后果时，就会改变这样的行为。另一方面，Mamvu 和 Lese 部落也许只是作为模因进化的一个案例，一个消耗高昂遗传适宜性成本的进化过程，如果他们还持续保持这样的行为，他们就会逐渐消亡。Luca Cavalli-Sforza 和 Marcus Feldman 建立的文化进化模型，以及 Robert Boyd 和 Peter Richerson 建立的文化进化模型，都表明了在适当的条件下，模因确实可以导致基因的灭亡。

维京人的例子也能说明这一点。从公元 10 世纪的最后 10 年开始，维京人在格陵兰岛的南部建立起了虽然小但能自给自足的聚居群体，这个群体大约维持了 400 年的时间。在鼎盛时期，有 3000 名左右的居民生活在西南海岸线上的 280 个农庄里，这个群体甚至拥有自己的主教和国会。但是在 1408 年之后（最后一艘船驶离格陵兰岛开往欧洲之时）这个群体灭亡了。考古学的证据表明，这个群体最后是由于像小冰期时那样的饥荒而灭亡的，公墓里存留的骨骼残骸表明，随着时间的推移，营养不良给他们造成的生存压力越来越大。

看起来似乎是因为格陵兰的维京人无法放弃他们斯堪的纳维亚式的农耕习俗，不愿意采取因纽特人那种更成功的捕猎生活，所以走到了灭亡的境地。因纽特人从格陵兰北部踏上南部的土地，比维京人更晚到达这片土地，而维京人大约在14世纪后半叶才开始与因纽特人接触。尽管维京人的农耕习俗在这样恶劣的气候条件下已经逐渐不能自给自足,但他们似乎还曾驱赶过因纽特人,因为因纽特人是异教徒。维京人信奉基督教,虔诚的维京人根据这种特殊的理由完全否定因纽特人的一切。这表示他们不可能从因纽特人那里学习可以获得收益的行为——尽管维京人很清楚,因纽特人的生活方式确实非常成功。

他们的问题或许可以说是一种从众偏差:他们认为,因纽特人就是在北方遥远的迪斯科湾捕猎海豹的一个与世隔绝的民族,如果因纽特人要到南方,要在维京人的群体之中生活,应该是因纽特人进行改变。因此,维京人没有采用因纽特人那种在生态上更具有优势的生活方式,之后发生了什么,大家都心知肚明了。或许看起来他们只是没有足够的时间去改变和适应突发的气候变化,或者是气候变化的脚步实在太快了,让他们一时无法预料这个后果。但无论是哪一个原因,都是因为他们的生活方式无法快速适应新异的环境而终尝苦果。同时,因纽特人带着他们足以适应北极环境的文化继续在格陵兰过着自给自足的生活,直至今天。

到现在,我们还不能完全明白,文化和基因究竟是如何相互作用从而影响整个进化过程的。然而,当我们发展出更精细的进化理论,能够用来理解基因和非基因如何相互作用时,我们就可以开始着手规划一些假说,用以指导收集数据的方向,告诉我们需要着重关注哪些问题。这种方法不仅对研究我们这个物种来说是正确的,还适用于研究整个动物王国。我们不是唯一具有学习能力的物种,因此可以预期这种非基因的传承并不源自人类,而可能源自其他动物。

小结

文化的绝妙之处就在于,它能让人们在任何时间都保持一种非同寻常的一致性。这似乎是从众偏差(愿意接受群体中他人的观点)的结果,而从众偏差也是人类所独有的。但是文化是可变的,从进化的角度来说,它变化的时间尺度较小（尽管还是按照世代的次序发生变化）。文化的变迁有时反映着挑战新异环境的适应性。食用乳制品（伴随着基因的变化才得以实现）的例子对于现代人类能远离赤道、到高纬度地区生活的过程来说，似乎是非常重要的。而在其他情况下，文化变迁可能与物质世界中的任何事情都没有关系，它仅仅反映了社会潮流，以及让我们与群体内部的特定成员有着共同的联系。

第十章

虚拟世界

在本章里，我们将探讨人类社会世界的两个方面，而且是被视为理所当然的两个方面，即宗教和说故事。这两个方面都是人类所独有的，虽然它们时常被满脑子进化论的科学家忽视，但它们或许都在人类的进化历史中扮演过决定性的角色。从认知和进化角度来看，它们之所以显得如此令人好奇，就是因为它们与虚拟世界有关，它们涉及想象中的世界。我们在第七章提到过，虚拟世界需要非常繁重的认知加工，因为既要考虑眼前的个体，还要考虑不在场的个体。因为有这样的认知需求，所以在进化的谱系中——如以分散社会系统为特点的猿类——选择出了庞大的新皮层（以及相应增强的认知能力）。同时，我们通常为此付出大量的时间、精力和金钱，这让我们不得不警惕一个无法避免的进化问题：某些事情如果需要如此高昂的代价，那么它必须要有一定的功能。这两个方面可以为我们提供什么样的功能呢？

宗教的本质

宗教总是让人感到困惑，也让人痴迷。宗教也是最受人类学和社会学关注的问题，大约在19世纪的后期，也就是这些学科诞生之时，人们就已经开始对它进行研究了。早期对其起源的探索主要着眼于信仰和法力之间的关系，关注的是制度宗教或世界性宗教（比如基督教、伊斯兰教、犹太教、印度教和佛教，这些宗教有着僧侣或神父，具有自己的组织结构和神学或哲学的正式机构），这些宗教是从祖传的信仰演变而来的，而且在很大程度上是以法术（通过事先设计好的咒语和仪式来达到某种目的，比如治疗疾病或者让人在生活的挑战中获得成功）作为基础而形成的。宗教因此被看作试图通过恳求存在于超自然世界中的事物来理解和控制自然世界。

对于这种转变，弗洛伊德指出，宗教信仰除了能帮助我们理解世界，还能帮助我们不被所面临的对生活和生存并不总是有益的经验吞没，比如接踵而至的饥荒、洪水和暴力事件，以及一些轻易就能被识别出其恶毒和报复本质的行为。宗教能给我们希望，能让我们相信未来会比现在更美好（如马克思对宗教做出的重要概括——"人类的精神鸦片"）。

然而这种观点忽视了一个事实，即宗教在传统社会里（尤其在狩猎采集社会中）并不总是具有明确的法力成分。这并不是说法力不存在于狩猎采集社会之中（它确实存在），而是这种法力成分通常与宗教没有任何关系。在狩猎采集社会里，宗教通常以一种萨满①的形式存在，包含着音乐和舞蹈。有时还会使用精神药品使人们达到一种出神的状态。人们通常会在精神向导的陪伴下，进入超自然世界。

在20世纪早期，现代社会学的创始人之一 Emil Durkheim 提出了一个更进一步的观点（随后广泛被社会科学家接受），他认为，在很大程度上，宗教是被设计来强化社会的结构和完整性的，它提供了所有人都能接受的世界观，同时还能强化人们的归属感，从而增强了每个人对群体的责任感。而马克思主义者的观点与此有些许不一样，他们认为宗教（至少从它们的制度形式上）是一些存在于社会之中的小集团，试图通过强迫所有人遵循宗教来让自己最大程度地控制社会。

然而宗教还有更多明显且直接的好处，比如社会学和心理学的证据表明，积极信奉宗教的人比没有宗教信仰的人更不容易生病，精神问题也比较少，生病和手术之后的恢复也比较快，更容易感到满足，以及对生活有着更积极的态度。在这方面，人们很早就知道信念是让治疗（特别是古法治疗或

---

① 萨满一词源自通古斯语 saman 与北美印第安语 shamman，原词含有：智者、探究等意，后逐渐演变成一种原生性宗教，可以说是人类最原始的宗教。——译者注

宗教治疗师的治疗）达到成功效果的重要组成部分[①]。

尽管所有的解释都有各自的优点（甚至可能都是正确的），但它们还是留下了一个让人困惑的问题，即从进化的角度来看，为何人类似乎特别容易受到这种事情的影响。在正常情况下，任何人都应该排斥那些试图通过威胁让个体加入宗教的社会从众事件。究竟是什么让宗教的信仰和仪式具有如此的吸引力，以说服我们，连哄带骗地让冷静的我们愿意投身这个看似缺乏理性、甚至不合情理的信仰？一些困惑于这种现象的人认为，宗教只是一种副现象，即其他东西（比如庞大的大脑）所附带的、没有适应性（甚至是无法适应）的副产品。然而这个观点在进化的问题上是说不通的，因为任何如宗教一样需要付出高昂代价的东西必须要有十分显著的适应优势，否则用以维持它的认知机制将会经受不了自然选择而被淘汰。

直到现在，关于宗教的认知基础还有很多没被探究，不过从人类学家 Pascal Boyer 和 Scott Atran 进行的一些研究可以看出，宗教的内容有着相当特殊的特点，它们有点反事实，但又不至于太过不合情理。它们还需要具有一些超自然的成分，若用我们平时的经验判断，这些成分的内容对于一个正常人来说是不可能做到的（比如可以穿墙或在水上行走），但如果没有这些成分的支撑，宗教所宣扬的观点就难以让人信服。然而，这种超自然的归因方式不能放在物体上，因为人们不会相信一个没有生命的物体能够具有这样的法力，超自然的现象必须要与有生命的事物有关。当然，只需要提前给非生命的事物注入生命的特征，岩石或河流同样可以拥有令人信服的法力。

这是一件很奇妙的事情，因为它意味着信徒需要将那些正常的日常经验（他们平时对现实的认识）暂时收存起来。而他们在平时的生活中主动暂停信仰的事实意味着，这么做肯定会带来极大的收益：一个人如果在日常生活中无视现实的自然规律，就不可能长久地生存下去。

[①] 安慰剂效应，指的是虽然病人得到了无效的治疗，但因为某些原因，他们"相信"自己能够痊愈，因而使自身的病情暂时得到好转。——译者注

宗教、仪式和大脑

探讨仪式的作用对理解宗教在进化上所产生的收益是很有帮助的。长久以来，人类学家虽然十分着迷于仪式及其在社会上的作用，但他们通常没有注意到一个特点，即宗教仪式的许多方面（尤其是与宗教礼仪有关的方面）通常能非常有效地刺激大脑中内啡肽的释放，比如采用让人痛苦的姿势（下跪、漫长的游行和瑜伽的冥想姿势）、有节奏的运动（跳舞、犹太教徒在以色列哭墙旁有节奏的摆动、对念珠串的拨算）、歌唱以及对忍耐力的考验。更极端的还有故意对自己施加无比痛苦的行为，这甚至成为了某些仪式的核心，比如中世纪的苦行者会从一个村庄行走到另一个村庄，在情绪激昂的仪式上鞭打自己，吸引了大批热情的观众。这种自我鞭打（有时还用刀割）与伊斯兰教的什叶派对侯赛因阿訇的狂热崇拜有关；在中世纪晚期，俄罗斯东正教会的 Khlysty 教派和 Skoptzy 教派也有这种自我牺牲的仪式行为。

所有这些行为都有助于刺激内啡肽的生成。（它们同样还能促进催产素和其他神经递质的生成，不过我们目前还不清楚这些神经化学物质具有什么样的作用，但它们似乎都会在这类行为中释放，也发挥着同样的效果。）内啡肽促进了心理上的满足感，这对身体免疫力的提高有着重要的作用，因此至少可以认为，内啡肽通过间接的方式增强了人体的免疫系统。

某些让人感到痛苦的仪式行为在本质上似乎是为了诱导人们进入一种容易被"洗脑"的心理状态。在这种状态之下，他们很容易相信你想要让他们相信的事情。因此，如果一个人想要在人群中逐步灌输某些规则和价值观，就先要让大众进入一种宗教狂热的状态，以使其产生深刻而持久的印象。这种激烈的情感唤起还能促使人们形成强烈的情感联结。此外，许多宗教仪式的共性（特别是启蒙仪式和成年礼）也是值得关注的。

出神状态看起来是世界上所有宗教共有的一个特点，这种状态可以是自发生成的（就像基督教传统里的圣徒那样），也可以是通过某种事先经过设计的活动，有意地将人们带入这种状态，比如冥想（佛教和瑜伽的传统）、类似于唱歌和跳舞等有节奏或重复的动作（如南非库恩族的出神舞，以及在其他萨满教和基督教的五旬节教派中的仪式），或者对迷幻剂的使用（比如美洲土著的草药烟熏屋）。这些萨满的仪式，正是现代狩猎采集社会的特点，也被广泛认为是人类宗教的原始雏形。

对出神状态的神经心理学研究近来变得尤为热门，研究者主要关注当人们进入出神状态时大脑被激活（或者没有活动）的区域。在一些实验里，要求经验丰富的冥想者在自己完全进入冥想状态时拉动一根绳子（作为一个信号）。实验者首先将慢性放射性标记物从静脉注射到被试的体内，在被试进入冥想之时对他们的大脑进行扫描。由此可以确定被试在进入冥想的时候，他们大脑的哪个区域被激活了。

进入出神状态通常都会产生一系列特殊的感觉，包括一道耀眼的强白光、整个人充满着平静祥和的感觉以及灵魂或者自我脱离身体的感觉（人们对此有许多不同的描述，如灵魂在身体之上盘旋，在天空中飞翔，甚至进入一个完全不同的精神世界——有趣的是，这些同样也是濒临死亡的体验）。对大脑扫描的结果表明，这种现象是由于左脑后顶叶皮层（就在左耳的后上方）的缺氧，之后丘脑下部和前额皮层中掌管注意的区域里形成了一个反馈循环，当这个循环建立起来之后，大脑就停止了与空间觉知有关的神经元的活动，从而产生了出神状态的典型特征：耀眼的白光以及精神超脱的感觉。然而，这种平静的感觉同样也发生在大脑释放内啡肽的时候，因此这或许又是另外一个例子，可以用来表示人类拥有非凡的能力，可以找到一种方法，让自己进入内啡肽带来的兴奋状态。

内啡肽产生的兴奋状态为何是宗教行为如此重要（并且看起来是非常普遍）的一部分呢？答案似乎要追溯到理毛在灵长类社会中的作用：你对那些与你共享相同经验的个体产生了积极的、正面的感觉。这是社会凝聚非常直接的表现，就像是笑可以表示我们正在进行的游戏一样。然而，在进一步探讨宗教的适应性功能之前，我们需要先来看一看与虚拟世界有关的另一个方面——说故事。

说故事的艺术

从表面来看，说故事似乎与宗教有着天壤之别。我们一般是通过娱乐的方式接触它的，比如通过我们读的书、看的演出。但是说故事其实在宗教里扮演着非常重要的角色。全世界所有宗教都是故事的集合。多数是与起源有关的故事，用以解释这个群体是如何变得特殊的；而其他的故事是用来劝诫的，用来说明这个宗教习俗的由来及存在的理由。然而，说故事除了作为宗教的一部分，它本身在人类的文化中也有着久远且光荣的传统作用，这些故事有的是原创的，有的是对历史的重述，大多是描述真实的或神话中的人物面对逆境时所经历的艰难和获得的成功，而这些故事本身都是非常吸引人的。

如同那些宏伟的宗教作品里的故事一样，这些故事也都有着另外一个特点，即着重描述可以给读者展现深刻含义的事件或人物。这种故事有助于群体的凝聚，它们从理智的层面提醒着"我们为何是一个群体"；它们还从基础的层面让我们发出一种快乐的反应，也就是笑——如我们在第八章提到的，笑能够刺激内啡肽的释放。故事将这两个层面结合在了一起。

可以让我们从一个或者多个角色的内心来看待这个世界的刻画人物心理的传记文学是近期才出现的。Julian Jaynes 认为，关于这种故事的出现，最早的记录是在荷马史诗的《奥德赛》(*Odyssey*)中，可追溯到约公元前 800 年。而更早的荷马史诗《伊里亚特》(*Iliad*) 和其他更古老的文学作品最具代表性的特点就是它们的叙事形式（描述事件的记叙文），相比之下，后来的故事开始描述角色的心理状态，并且如同描述人物的行为一样细致入微。Jaynes 将这种故事的出现等同于意识的起源，这几乎是完全错误的观点，不过这种故事的出现或许的确能从我们学习如何使用语言表达内心情感的悠长历史里为这种能力标出一个重要的发展时期。

作者创作出意味深长且令人感同身受的故事的能力可能取决于两个主要方面。一是他们发现那些藏匿于日常生活中的细节的能力（能激怒我们的事情、让我们烦恼的东西），故事若没有一些对日常生活中经常出现的挣扎的描述，一般就不会受到太多的欢迎。二是他们意识到读者的认知局限的能力。我们将会在最后一段对第二点进行更详细的阐述，而这里我们只想说"艺术是反映世界的一面镜子"。

虽然，从进化的角度来对文学和戏剧的本质进行的探索还处在非常初级的阶段，但有一个方面是可以确定的，即文学的主要题材总是与生活中的重要事件雷同，比如选择配偶、为人父母、如何生存、群体团结以及逆境之下的英雄典范。

从更具体的层面来说，通过对20世纪冰岛维京人的传奇进行分析，会发现他们所描述的事件与我们根据自己对行为生态学的理解所预测的结果有着惊人的相似。与亲缘选择理论一样，个体比较不可能谋杀自己的亲属，当然，如果这件事能让自己有更大的收益，他们也有可能做出这个行为。同样的，与亲属的结盟，或者借款给亲属，通常是不计回报的，但如果对象是非亲属，就需要严格的互惠基础；并且相对于与亲属的结盟来说，与非亲属的结盟更有可能以拆伙告终。有个比较合理的假说（尚未被证实）认为，伟大的作者和一般的作者之间的差异就在于他们对于人类日常经验的行为生态学的直观感受。

作者或许还需要拥有一个重要的直观能力，即能够意识到读者在跟随故事情节时的认知局限。对莎士比亚戏剧的分析表明，在他的剧本里，群体大小和社会关系被控制在非常接近现实生活的范围之中，群体大小一般限定在15人左右（这与情感支持小组的人数相等——见第七章）。举例来说，当历史剧的情节里需要比15人还要多的角色时，莎士比亚就会创造剧中剧，以此来减少读者的认知负荷。同样地，在一个场景中，有台词的角色数量也非常接近现实生活中实际测量到谈话群体的大小。莎士比亚比较成功的戏剧——《罗密欧与朱丽叶》（*Romeo and Juliet*）、《奥赛罗》（*Othello*）——和观众反映比较难懂的戏剧《泰特斯·安德洛尼克斯》（*Titus Andronicus*）之间的区别，似乎正好就在于角色的数量能否很好地贴近日常的经验，而评判的标准则是以人类的认知结构为依据的。

共有世界观的作用

人类学家认为，宗教能够确保社会的团结，而这个想法是建立在"每个个体都由社会所创造"的观念（大部分得自于 Durkheim 的观点）上的。事实上，社会的自我复制是通过社会化让个体适应于其中的。人类学家一般以这种方式将社会解释为富有含义的文化（使社会产生独特形态规范和仪式）。这个观点被认为表现着一种"一切为了物种好"的思想，虽然这在现实条件下不太可行，但是生物学家仅以此为由就拒绝这个观点或许是不成熟的。

如我们在第九章所述，还有一种观点认为社会是个体的集合，这些个体对于人们应该如何规范自己有一定的共识。在这种情况之下，人们通过社会化的过程将自己的观点灌输给下一代，但这并不意味着社会可以无拘无束、不受控制地发展，如我们在第九章提到的，当社会中的个体发现一件事情还有其他的解决方式，而且这个方式更好或者说更有优势（对个体自身而言，可能不适用于所有人），那么社会可以并且确实会被改变。关于这些观点有两个冲突的对立面，一面是人类学家和社会学家的观点，另一面是进化生物学家和心理学家的观点，而冲突的产生是因为他们在探讨问题时所关注的时间跨度不同：前者主要关注的是个体如何被社会化，后者关注在社会中发生过的历史演变。后者关注的问题需要更长的时间范畴。

认识到这一点就可以提出一个重要的可能，即宗教（连同文化的其他形式）能够控制可以导致社会分裂的各种力量。如同其他所有灵长类一样，人类也有着高度的社会性，而且社会性是人类成功进化最为重要的基础，社会是个体的短期私利和通过合作获得的长期收益之间的战场。如我们在第七章看到的那样，这里存在让搭便车的人有机可乘的漏洞，如果对这些人放任不管，他们终会摧毁那些使社会得以建立起来的合作基础。

然而，一个人为了获得更大的长远利益而放弃当前即时利益的行为不是那么容易做的，需要较高的认知水平才能实现的，这个特质需要相当长的时间才可以进化出来，因此或许这只是人类独有的特质。对黑猩猩的（同时也对幼童进行）实验很好地证明了这一点，要它们不拿眼前的食物是非常困难的，即便实验者在之后会给它们更多的食物。

在研究中，实验者在黑猩猩面前摆放了两个盘子供其选择，一个盘子上放有三块水果，另一个盘子上放有七块水果。黑猩猩必须对盘子做出选择，但它选择的那个盘子会被交给实验者，而它没有选择的盘子才是它自己能得到的。黑猩猩根本不能够掌握这个任务，它们总是选择装有更多水果的盘子，即便在多次的尝试错误之后，它们还是无法成功掌握。黑猩猩不能将自己与眼前的世界分离，也不能让自己远离那些能够满足当前欲望的、让其无法抵抗的诱惑。然而，如果实验中的食物换成写着相应数字的卡片，受过语言训练的黑猩猩可以轻易地选择数量较少的盘子。显然，这种抽象符号为它们与食物之间提供了足够的距离，让它们对这件事情做出更为理性的判断。

这可以被看作实验者给黑猩猩提供了自我控制的方法，从而不暴露它们的天性。而对于人类来说，额叶的一小块区域是将我们与当前的动作及其奖励区隔开的关键。多亏有了这块区域，我们才能从内而外地拥有自我控制的能力，让我们看起来与我们的猿类表亲不同。在这些区域之中，额叶的腹内侧和前扣带回皮层（anterior cingulate cortex，简称 ACC）是更为重要的部分。前者似乎与我们学习将特定行为及其后果联系起来的能力有关；后者则有助于我们识别和控制感知到的和认定的（我们在头脑里看到的那个世界）之间的冲突。其他灵长类（或许不包括大猿）的 ACC 发展得不够完善，而人类的 ACC 能在我们对不同行为策略进行比较和控制时起决定性作用。

由于搭便车的问题会造成非常严重的影响，因此我们可以把宗教看作一种人们共有的愿望，人们希望通过这种方式控制个体去遵守隐含在社会之下的社会契约——人类学家说得没错，只是他们的解释错了。宗教（广义来说，就是说故事）在群体感和依附感的形成过程中扮演着非常重要的角色。从群体层面来看，这种结果代表成员的收益，因为身处在一个团结群体中的成员会比那些在不团结群体中的成员有着更高的适宜性。宗教和说故事在群体层面的选择上都是非常好的工具,因为它们能降低群体内部成员之间的可变性(人们都共享相同的价值观和信仰)而增加群体之间的可变性(每个群体有着不同的故事和宗教仪式),因而让选择过程变得更加强而有力。

加入宗教是一种许下承诺的信号,这么做所要付出的代价无疑是非常高昂的。进化理论告诉我们,只有需要高昂成本的信息才足以支撑它所要表达的内涵:如果发出一个信息无须付出太多的成本,那么信息本身很可能是虚假的。一项对19世纪美国宗教团体的分析可以证明这句话具有一定的道理。要求信徒做出越多的牺牲(比如放弃烟、酒、咖啡、私有财产,有时还有更极端的,如放弃性生活),团体就能够维持得越长久。值得关注的是,纯粹世俗的团体(它的存在缺少了宗教的缘由)虽然也要求内部成员做出类似的牺牲,但它们不具有宗教团体所拥有的效果,它们的存留时间会比那些有着宗教戒律的团体短暂。因此,这种有共同信仰的群体特质帮助宗教团体把非宗教团体踢出去,而其结果同样还会受到成员牺牲程度的调节。在宗教团体之中,对自己许诺的证明才更有说服力。

从表面上看,宗教似乎非常适于促进群体团结。这种强加于人的共同世界观可以让人产生群体认同感(我们和他们),而这种感觉必然能提高个体遵从社会规则的积极性。此外,宗教的道德成分也能通过那些来自于我们无法看见的世界里的惩罚威胁来增强人们遵循社会规则的积极性。如果我一定要你去做那个从群体观点来看是正确的行为,你会去做的意愿在很大程度决定于你是否能在其中发现对你有利的事情。如果你认为这之中没有任何有利于自己的地方,你不会觉得自己对那些将受到你行为影响的人们负有责任,你会忽视我的要求,并且挑战我的权威。这时候,我仅剩的选择就是肉体的刑罚,那么我很可能已经无法做到让你遵从群体意向。

宗教利用道德或高压政治的手段来避免这种问题,它对人们施加一种威胁,告诉人们,你若是不遵从,可能会有危险。这种威胁指的是永世的惩罚,但我们很难直接证明这种惩罚的存在,因为它的时间跨度是永恒的。不过即便这样,若我们草率地看待它,也会显得很愚蠢。它对社群的结合施加了一股武装力量,是世间的任何结盟都无法达到的力量。如果人们在很小的时候，在其社会化和参与宗教仪式习俗的过程中被灌输这种威胁，那么到了成年之后，人们会更加相信这种永世惩罚的威胁。我们将会在下一节进一步讨论与其认知有关的方面。

张开想象的翅膀

在我们之前讨论说故事的时候，曾经提到读者和作者的认知负载。我们将在这一节回到这个内容，探讨说故事和宗教各自的认知负载是如何与人类本身有限的社会认知相联系的。先谈谈说故事的方面。

或许，最普遍的故事结构是"三角关系"——三个主要角色（通常是恋人、渴望得到的人和竞争对手）之间的相互关系。为了要感受到莎士比亚经典剧目《奥赛罗》中的情感悲痛，观众必须认识到（1）埃古想要让（2）奥赛罗相信（3）狄丝梦娜打算（4）爱上别人（楷体字表示着意向性的层级）。在一点都不有趣的故事里，观众必须要跟得上四级的意向性（三个主角的心理状态，再加上自己的）。而为了将故事拼凑起来，莎士比亚必须在此之上再加一级：他必须让观众意识到……换句话说，作者必须能够将观众对故事的认识及其做出的推测联系起来，对于各个角色的处理也是如此。这种负荷因此会非常高，如我们之前所提到的，在莎士比亚的戏剧中，舞台上的角色数量模拟了现实生活中互相交往的群体数量。如同平时的交谈一样，舞台上通常也有四个角色在一起交流的场景。观众如果要理解这些内容，就需要应付五级的意向性（四个角色加上自己的）；而莎士比亚则需要处理六级的意向性，才能将这个场景组合起来。由于对五级意向性的掌握已经是正常人认知能力的上限，这就很好地解释了为什么大多数人能欣赏一部优秀的作品，但没有办法进行创作，有这种绝佳创作能力的人是非常罕见的。

我们可以用类似的分析来探讨宗教的认知需求。虽然在前文讲过，宗教通过与内啡肽有关的心理药理学过程发挥着一定的社会影响力，但是宗教同样也有其清晰的认知基础。所有的宗教意识都存在一个需要解决的问题：尽管在参与宗教仪式时获得的内啡肽能给人们提供即时的奖励，但要劝说人们初次尝试这个仪式，通常需要一些充满智慧的理由。这些理由建立在我们日常生活中所接触的一些与超自然世界有关的事件之上。

在前面的小节里，我们指出了宗教的一个重要功能，它能对公共意向施加压力。意识到这句话的公共范畴是非常重要的。简单来说，我具备了一些有关于超自然世界的个人信仰，这要求我至少能够处理三级的意向性：我相信（1）这里有一个超自然的生命，它想要（2）我怀着正义感行事（3）。在要求人类需要比其他动物拥有更加复杂、更加精细的认知能力（或许大猿可以达到次级意向性，但没有证据表明其他动物可以通过初级意向性）的同时，这也是一个非常私人的世界。没有理由可以解释为何世界上其他事物能共享我的重要发现，除非你（观众）至少拥有四级的意向性：我想让（1）你相信（2）这里有一个超自然的生命，它想要（3）我们怀着正义感行事（4）。

到目前为止，一切都看似完美，除了探究宗教的过程如何胁迫你去遵从它，这是一件比较困难的事情。在这个方面，我们共享着知识，但这种知识只是简单的描述而已，可是宗教所需的并不是这种描述性内容。当我试图说服你接受我的理念正确时，你的确能明白我说话的内容，但你为何会认为有必要同意我的理念，更别谈让你照我说的去做？若要回答这个问题，我们需要具备更高层级的意向性，我们需要从纯粹的宗教社会形式转移到公共形式。我必须能够处理五级的意向性：我想让（1）你相信（2）这里有一个超自然的生命，他明白（3）我希望（4）他愿意（5）干涉（当你拒绝遵从时）。地狱之火和入地狱的诅咒，再加上内啡肽的作用，就是威逼利诱、软硬兼施让你遵从宗教的有效手段。

不论是说故事，还是让人信仰宗教，都需要进行如此复杂的分析，因此那些创造这种精神世界的人至少需要五级的意向性。故事和宗教里的知识结构都有一些共同之处：涉及一个虚构的、与现实不同的世界，这个世界的存在需要大家的共识，即制度事实。将一个虚拟的精神世界与现实世界联系起来需要耗费非常繁重的认知能力，这就解释了一些从进化的角度看起来很奇特的地方——人类为什么要耗费如此大的认知能力和精力来处理五级的意向性。令人困惑的地方在于，日常的经验表明，我们在社交生活中很少会使用到三级以上的意向性。

五级的意向性是高成本的，因为只有一定容量的大脑才足以应付这种能力，而这样的大脑需要耗费极大的精力。我们的大脑只占了全身体重的2%，但它消耗了我们吸收到的能量的20%，而且大脑的消耗与它们的容量成正比。这种大脑如同一件奢侈品，想要拥有它就需要拼命努力，这意味着人类无比庞大的大脑在进化时必然面临过一个选择的大斜坡，庞大的大脑伴随的成本会形成一个反向选择，这时就必须获得非常惊人的收益才能战胜这个反向的选择。人类需要如此高级能力的行为似乎只有宗教和说故事。如果（如我们曾经提出过的）它们对我们形成庞大群体有着非常重要的作用，那么一定有足够强大的选择能够进化出这种能力，在人类进化的过程中，这种能力是建立如此庞大群体的生态需求。

宗教从何时演变而来

这就留给了我们最后一个进化问题，即我们从何时开始对超自然世界有了信仰，以及与此相关的宗教活动是何时出现的？尽管目前的最佳证据看起来还很粗浅，但依然能够表明这些能力大概是在人类进化史的晚期出现的，可能直到智人才出现。得出这个结论有以下三个原因。

第一，通过绘制猴、猿和人类可达到的意向性层级与其新皮层额叶体积的关系图（结论是线性相关），以及之后再绘制它与化石记录的原始人类大脑容积的关系图（用额外的一些公式），发现四级的意向性一直要到古人类（海德堡人）才会出现，而五级意向性（公共宗教所需的）只有在智人身上才存在。

第二，考古学家将葬礼（刻意在遗体旁边放陪葬品，估计是让死者在来世使用）作为人类信仰超自然世界的证据。目前知道最早的葬礼距今有25000年的历史，而目前发现的最早、最完整（土葬的证据）的人类骨架可追溯到50000年前，在Levant地区被发现。虽然有观点认为，穴居人会埋葬他们的死者（这个证据目前遭到很多怀疑），没有一个无可争议的证据能够证明葬礼与旧石器时代晚期革命的直立人没有关系。这就为宗教起源的出现提供了一个最有可能的年代。正如我们在第二章所提到的,具有文化的旧石器时代晚期始于非洲,大概在 10 万年前,现代人类开始出现。南非考古学家 David Lewis-Williams 认为,那些具有旧石器时代晚期风格的石洞壁画体现了萨满教徒在精神世界里遨游的情景。

第三,由于没有一个已知的现代人类文化缺乏以某种形式存在的宗教,所以宗教所需的能力必然是在现代人类出现(大约在 70000 年前于非洲出现)之前产生的。如果宗教的认知基础在此之前未能非常好地存在,那么我们在现代人类里面所见的,就不是我们现在所见的那样了。

小结

宗教和说故事看似是我们这个物种独有的两个现象。它们的起源很有可能是因为在庞大和分散的社群中,需要有东西来增强群体的团结和彼此的责任感,这对人类的社会进化具有重要意义。在这个方面,宗教是软硬兼施的手段。许多宗教仪式的设计显然就是要让人释放内啡肽——内啡肽对于猴和猿的社会联结有着非常卓越的作用。同时,宗教的知识结构不仅为参加这些宗教仪式提供了理由,还给不加入的人们带来了威胁。宗教和说故事的认知需求看起来十分相似,而且比起其他大猿能够达到的水平来说,这些活动需要的认知水平非常高。将社会认知能力绘制在原始人类大脑的进化图谱上就会发现,一直到现代人类的出现,大约在 20 万年前,宗教和说故事所需的能力才进化出来。

第十一章

道德科学

在这最后一章，我们想要探讨一些在进化心理学文献中几乎不见踪影的问题——道德。这将会是个有趣的问题，并且可以肯定，未来的社会学家会在这个领域进行深入的研究。这是为什么呢？或许有个原因可以解释，当科学家们研究一些敏感的问题时，比如杀婴或滥交，他们不希望被看成是在为这些不被社会所接受的行为辩护，他们坚持认为科学观点不能与道德问题等同起来。然而，道德行为明显是我们平时非常重视的事情。人们为了追求高尚的道德情操，早已准备好了付出巨大的代价，包括牺牲自己的性命。如我们在宗教问题上指出的那些（见第十章），任何在进化上需要非常高昂成本的事情必须对提高个体适宜性有着不可磨灭的作用。

我们在这里将试图公平地权衡道德的收支。主要关注的方面是道德行为在社会层面发挥的作用。这正好符合我们在整本书中想要表达的观点——以多层级选择作为理解人类进化心理学的核心思想。我们现在的工作会比几年前的简单得多，因为近年来出现了非常多的相关研究，来自不同领域的进化科学家开始更加认真地对待这些问题。然而，我们还是需要先从哲学的领域来探讨这个问题。

自然主义谬误

进化心理学家在想办法让自己摆脱道德困境时，总是会涉及一种**自然主义谬误**（naturalistic fallacy）的观点：行为如果是"天生"就有的，或者说是通过自然选择得来的，就不能说这个行为是"正确的"，或者"好的"（一个囿于"不应该由此而来的"的想法）。然而，David Sloan Wilson 和他的同事 Erich Dietrich、Anne Clark 指出，面对进化心理学研究结果中所发现的道德含义，自然主义谬误完全是一个苍白无力的辩护。他们认为，虽然这个理论被很多人（包括我们自己）给误用了，但即便在被正确应用的时候，它也不能让进化心理学家在探讨人类进化适应性时避开他们必然会面对到的伦理道德问题。

那么，自然主义谬误该如何被正确应用呢？Wilson 和他的同事指出，苏格兰启蒙哲学家大卫·休谟是最先阐述了自然主义谬误问题的人，他在做出描述时用的是"不应该完全由此而来的"，而不是"不应该由此而来的"。这个"完全"体现出大不相同的意思。休谟的观点是，一个事实的前提不能用于得到一个伦理的结论，它必须与伦理的前提结合，才可以用于得到如此的结论。很多人误用了自然主义谬误，因为他们没有考虑到伦理的前提。更重要的是，他们也没有意识到，事实的前提同样也是得到伦理结论的必要条件。因此，如果没有一个伦理前提明白无误地指出"给他人造成痛苦和焦虑是错误的"，从"行为 X 给其他人造成了痛苦和焦虑"的说法得到"行为 X 在伦理上是错误"的结论就是不恰当的。但是若是得出"行为 X 与我们的道德和伦理系统没有任何关系"，这种推论同样也是错误的，因为这种推论表示我们的伦理是凭空出现的。

这里还有一个重要的含义，尽管事实在没有伦理前提的支撑下不能去评判一种特定的道德现象，但并不表示这些事实没有任何道德的力量。伦理规范如果要约束人们应该如何做出行为，它就需要事实的依据。拿自然主义谬误来当挡箭牌并不能避免道德的争议。Wilson、Dietrich 和 Clarke 巧妙地指出："自然主义谬误并不能像用来击退吸血鬼的十字架一样，被用来抵御伦理道德的争议。"也就是说，我们的价值观必须与事实联系在一起，并且其中会涉及许多进化理论的结果，因为进化这件事具有一定的潜力来改变某些行为的伦理状态。

其实这在我们的法律系统之中是公认的事实。如 Martin Daly 和 Margo

Wilson 指出的那样，英国普通法就是建立在"理性人"要如何守规矩的观念之上的。这就是为什么"感情骗子"受到的处罚比蓄意谋杀的冷血罪犯轻得多；还有，迫不得已的小偷会比贪婪的小偷获得更多的同情。

有些时候，当某些行为被从社会的角度认为是完全不道德的时，进化的结果能将它们变得看起来没那么不道德。Wilson 和他的同事利用强奸的例子来做说明。如果要去证明强奸对个体适宜性有积极的结果，就需要将我们的伦理推理结合在一起。假设强奸虽然对妇女造成了身体上和心理上的伤害，但能提高她们后代的适宜性（比如，她们的儿子或许也继承了这种行为倾向，从而能产生更多的后代），这将会改变我们对这个行为做出的伦理结论。如果我们只有一个伦理前提，认为对任何人造成伤害都是不对的，我们就会做出强奸是错误的结论；但是，如果我们还有另外一个伦理前提，认为能够确保我们孩子的存活和成功（从而最终保证了我们血统的传承）的事情都是正确的，强奸在道德上就有着或好或坏的名声——这就使得要得到一个明确的伦理结果变得非常困难。当然，如果我们希望人们认为这样的行为始终是不道德的，我们可以选择忽视伦理推理中的进化因素。而问题在于，这个因素并未从此消失，而且由此还会产生一个很勉强的结果，即把很多自然的行为归于不道德的范畴，而这并非一个完美的科学结论。简而言之，从哲学的角度来看，真实的人生是很复杂的，比那些朴实的民间智慧要我们相信的复杂得多。

搭便车和社会契约

在第七章里我们曾提到过，人类的进化特殊性和其他高等的灵长类一样，是一种异常极端的社会形式。比如依赖于一种隐含（或者甚至是公开的）社会契约的社会系统，其中的成员愿意放弃个人的短期收益，通过合作来获得更多的长期收益。这种社会系统非常容易受到搭便车行为的影响，这种行为有可能会动摇那些将人们凝聚在一起的、又十分脆弱的社会契约。一个物种的适宜性如果在很大程度上取决于社会群体的有效运行，这就会是一个极其严重的问题。所以不必惊讶于我们发展出了如此丰富的机制，以此来确认和控制那些搭便车的人。在这些认知的敏感性之中（如对社会性欺骗的察觉），我们会使用标记来确认这个人是否可以交往（群体成员的徽章），还会使用名誉机制来识别搭便车的人（流言蜚语）。在下一节里，我们将会探讨更多的细节。接着在最后一节里，我们还会考察人们的亲社会态度，这个部分似乎是某些行为方式的基础和支撑。亲社会性（做出慷慨、利他和包容的行为有益于群体及其社会凝聚力）似乎是人类独有的特点，而且因为它不符合达尔文进化论所预期的"狗咬狗"的世界，所以需要对它多做一些解释。

进化的心理防火墙

对社会性欺骗的敏感性是进化心理学近20年来最感兴趣的一个主题。它之所以变得如此突出，是因为 Leda Cosmides 和 John Tooby 利用华生选择任务（Wason Selection Task）所做的一系列实验。华生任务是一种抽象逻辑任务，是由心理学家彼德·华生（Peter Wason）发明的，以此来研究人们如何通过直觉去理解科学推理。在这个任务中，被试要遵循一条规则（"写着元音字母的卡片，背面总是有一个偶数号码"），之后给他们呈现如下的四张卡片：

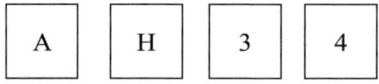

然后要求他们回答，若要验证这个规则的正确性，需要翻开哪张或哪几张卡片。

这是一个 $P \Rightarrow Q$ 的逻辑规则（元音字母的卡片，背面有一个偶数号码），只有同时显示出 $P \Rightarrow \sim Q$（元音字母的卡片，背面有奇数号码）和 $\sim P \Rightarrow Q$（写着辅音字母的卡片，背面有一个偶数号码）都不为真，才能证明 $P \Rightarrow Q$ 为真。因此，在上面的图例中，符合逻辑的答案是翻开卡片"A"和卡片"3"：卡片"A"的背面不能是奇数号码，并且卡片"3"的背面不能是元音字母。

几乎所有类似的实验都表明，只有25%的被试能回答正确（这个比例与随机选择的正确率一样），大多数的被试只选择了卡片"A"，或是选择了卡片"A"和卡片"4"。

Cosmides和Tooby换了另外一种测验，这种测验的逻辑与上述任务相同，却是以社会契约的形式表述的（规则是："只有年满18岁的人才被允许喝啤酒。如果要确认规则是否被破坏了，需要对哪几个人进行检查？选项是：年龄超过18岁的人、年龄低于18岁的人、正在喝啤酒的人和正在喝可乐的人。）结果是75%的被试选择了正确的答案。需要被检查的人显而易见，因为这个社会规则允许任何人喝可乐，并且允许年满18岁的人喝他们想喝的任何东西。Cosmides和Tooby认为这个结果反映了人类具有一个专化的认知模块，该模块让人对社会性欺骗有着特殊的敏感性。

对这些结果的解释在近10年来招致许多强烈批评和争论。有不少人认为，Cosmides和Tooby的任务被框架效应混淆了。框架效应指的是任务特定的呈现方式可以引导被试更易或更难给出正确的答案。在有关社会契约的任务中，因果关系明显只有一种（所以答案显而易见），而抽象任务就不是这样的。Cosmides和Tooby进行了另外一个实验来回应这种批评，实验同样使用了抽象的任务，却是以现实生活中非社会化的内容呈现的（比如职员的建档任务）。结果依然相同：和原始的抽象任务一样，大多数人都无法选择正确。然而，直至目前，框架效应还是很难避免，而且争论也一直没有停止。

尽管争论持续存在，但是日常经验也告诉我们，人们的确对社会性欺骗具有一定的敏感性（或者说，至少会非常关心这个方面）。我们一般不能接受这种行为，而且当这种规则被破坏时，我们能立即发现。相关的实验证明，被试能更加正确地回忆起故事中应该受到谴责的行为。还有证据证明，如果我们被告知某些人曾经不忠于社会契约，我们会更容易记住他们的面孔，而比较不容易记住那些在故事中被描述为不好不坏的行为和人物。这似乎就能说明我们具有一定的敏感性，能够识别出搭便车的人。

除了记住骗子和搭便车的人的面部特征，我们还要依赖群体成员较为稳定的信号。只要认定一个人是我们群体内部的成员，不需要对这个人再做更多的了解，我们就可以相信，这个人会因为自身的责任感而与我们合作，或者至少可以假定，他与我们一样，会遵守相同的规范。群体认同一般是通过服装和发型、宗教和其他信仰或者说话的腔调和其他行为方式体现的。穿着特定的服装，采用特定的说话方式，或者拥有某种特定的知识（比如如何斗蟋蟀）都将我们标记为我们从属的某个群体的成员。

当我们与他人拥有相同的腔调时，这种群体感会显得尤为强烈。说话腔调有趣的地方就在于，人们从很小的时候就开始学习，而到了青少年期，腔调基本就固定了。在此之后，除非是一些非常有天分的语言天才，不然很少人能再学习新的腔调。你因此就被你的腔调标记为你出生的群体的一分子。这种从小学习而来的信号很难伪造，因此对于确认群体成员身份来说是一种非常可靠的信号。事实确实如此，一直到20世纪70年代，只要简单听一个母语为英语的人说几个字，就可以猜出他的出生地，误差不会超过30公里。

腔调似乎能够有效地避免由搭便车的人来掌管社会世界。Daniel Nettle通过电脑模拟证明了这一点。在他模拟的世界里，合作是繁殖成功的关键因素，但是愿意合作的人非常容易被搭便车的人剥削，这就使得搭便车的人很快就能统治全体居民。然而，当成员只跟与自己有同一种腔调（在模拟中以一种六位条形码来表示）的人合作时，搭便车的人就难以获得成功。当腔调变化非常迅速的时候（代际之间有超过30%的腔调发生改变），这种将搭便车的人排除的方法变得最为有效。当然这就是腔调非常特别的地方：即便在同一个地区，代际之间的腔调也有着明显的差异。

虽然没有一个完全可靠的信号，但是像这样的社会标记至少能作为一个初步估计，来决定我们到底是需要小心谨慎，还是可以放胆地尝试合作。作为判定群体身份的可靠信号，相同的出生群体还有一个附加的优势，即可以判断个体的血缘关系。共有相同的血缘会让我们更愿意冒险做出利他的行为，因为即便对方卷款潜逃了，但由于他有着和我们相同的血缘，我们的投资最终还是有助于我们血脉的延续。如果我们决定接受下一代的偿还，而不是这一代的，因为这种亲缘利他更具风险。这就形成了一种结果：人们很难获得可以用于鉴定出生群体的身份信号（比如腔调），因为这需要从年幼的时候就开始学习；但对于一个人们通过互惠建立的群体，这种群体身份的信号相对容易获得，因为人们可以在成年之后通过学习获得这些群体内部共享的知识和信念。

对于搭便车问题的最后一个管理机制就是利用名誉。人类非常看重自己的名誉，通常会用尽全力保护它们。通过这个与他人行为有关的词，可以非常有效地控制搭便车的人。如果我们想要别人与我们合作，我们必须确保自己的名声（关于诚信和债务偿还的信用）如雪一样洁白。瑞典生物学家Magnus Enquist 和 Olof Leimaer 通过电脑程式模拟了在合作者的世界里发生的搭便车行为，结果表明，曾经与谁合作过的经验若被人们牢记或是彼此交换这个信息，会使得搭便车的人难以剥削群体内部的其他成员。

而对于现实中的人们，Manfred Milinski 和他的同事通过实验发现，在"公共资源"博弈（个体必须为了公有的资源合作，而不能只顾个人利益）①的回合中，若是穿插着一些"印象评分"（个体凭借自己的感觉给其他人的合作性评分）的回合，合作在游戏中发生的可能性会比那些不需考虑名誉的回合高出许多，这就表明了对名誉的维护有助于人们保持诚信。如我们在第八章所述，流言蜚语就是其中可以发挥这种功能的一个方面（通过语言使之成为可能），即使这不是它唯一的功能，即使这是由于它的进化造成的。

进化出一个伦理意识

David Sloan Wilson 相信，进化心理学家之所以不愿意面对道德争议，主要是因为一种强调"自私基因"的个人主义进化观点在作祟。若以开明自利（enlightened self-interest）的观点来看待所有事情，则不合伦理的行为将会频繁地作为进化产物而出现。然而，合乎伦理的行为似乎不是这样"蹦出

---

① 公共资源博弈是一个经典的经济学实验，每个被试都拥有属于自己的"财产"，他们被要求秘密地按自己的意愿将一部分财产投入一个箱子中，随后实验者再根据总量，平均分配箱子内的财产给实验中的每一名被试。——译者注

来"的。如果没有可以让人信服的分析来表明我们的道德行为是进化而来的适应产物，就擅自赋予这些不道德的行为以一个正当的进化解释，这种做法让人有点难以接受。因此，拿自然主义谬误来辩护或许是一种本能的反应，这么做可以避免需要讨论行为的道德性的时刻到来。Wilson 指出，只要我们采取多层级选择的观点，这个问题就迎刃而解了。不合乎伦理的行为在个体层面进化出来，而合乎伦理或道德的行为随后在群体层面通过相同的方式进化成为了适应的产物。

要理解这种选择，可以参照我们在前几章讨论过的"个体的特质可以提高群体适宜性"的内容，这就同样可以这样解释道德行为。语言、文化、宗教和说故事全都与控制搭便车的道德争议有关，而且看起来，用以控制和惩罚搭便车的各种机制与惩罚不道德行为的机制明显都是自然选择的产物。这就使得惩罚的进化意义变得更加有意思了。Robert Boyd 和 Peter Richerson 通过一个数学模型表明，在达尔文进化论的标准条件下，即便在很庞大的社会群体里，通过对违反者的惩罚仍然可以维持合作的稳定进行。只要惩罚所耗费的成本低于合作所获得的收益，惩罚就可以是一个进化上的稳定策略。确实如此，因为道德主义策略（惩罚那些没有惩罚违反者的人）在进化上也是稳定的。

目前有非常多的实验证据表明，人们愿意让自己付出代价来惩罚搭便车的人，即便他们在随后的时间里都不会有与这些搭便车的人交往的机会（也称为"利他性惩罚"）。苏黎世大学的进化经济学家 Ernst Fehr 认为，人们对欺骗者的惩罚是受到强烈憎恨和厌烦的情绪驱使的。就如同"希望看到骗子受到惩罚"的愿望一样，即便他们个人从来没受到过欺骗，但是由于自身的"正义感"，会希望罪犯得到"报应"。这种反应不能很好地被传统的互惠利他和亲缘选择理论解释，而在群体层面对特质进行选择——被用来阻止搭便车的人对群体信任及和谐的破坏——是一条可以探索这个问题的康庄大道。Fehr 认为，人类的这些特质是通过群体层面的多层级选择过程被选择出来的。

强烈的互惠和亲社会"本能"

通过一系列的实验，Fehr 和他的合作者发现，在所有人全部匿名，没有亲属关系，并且只有一个回合的游戏中（也称为一次性博弈），还是会有相当大比例的人们很乐意回赠礼物或惩罚那些违反公平性和合作条例的个体。游戏中的匿名性和一次性意味着互惠利他不会发生（被试不能识别对方，而且不会再遇见他们），而没有亲属关系意味着不能由亲属选择理论来解释这个结果。Fehr 将这种行为称为强互惠（strong reciprocity），且将其核心特点定义为：尽管需要付出代价，而且不能给予互惠者即时的收益和未来的经济报酬，人们在奖赏公平行为和惩罚不公平行为时的一种自愿牺牲自身资源的行为。

然而，绝不是所有个体都表现得公平公正：总是有一部分人使用的是完全自私的策略。在契约游戏里，一个选手（雇员）同意通过一项经济服务来换取一份奖励（薪资），而这个奖励是由其他选手（雇主）提供的，雇员总是能很好地完成契约范围之内的服务。此外，尽管雇员开心地接受这份公平的契约，但大多数的雇员（高达 75%）在履行这份契约时会有不满的想法。如果在实验中提供惩罚违约者或奖励守信者的机会，有大约 70% 的雇主会使用这些机会。随后，当把雇员安置在那些会使用惩罚的雇主的眼皮底下，绝大多数的雇员会加倍履行他们的职责。

在这些游戏中，很多结果似乎取决于个体是否相信在他们不合作的时候确实会受到惩罚：如果他们相信，他们就会在任何惩罚发生之前增加自己的付出。在没有惩罚的游戏里，合作的行为不仅在一开始就较少出现，还会随着回合的增加变得越来越少。值得注意的是，如果一个选手在每个回合都被和陌生人分在一组进行游戏，减少的速率就会远远高于他在每个回合都和相同的一群人分在一组的时候。这就表明，如果你预期在未来还会遇见同一个人（在一个稳定的群体里），就会抑制自己欺骗他人的意愿。这让我们想起了 Memali 的心理塑造期望效应，仅仅通过一个人对于他人行为的预期，就能导致某些特定行为的产生。

施行惩罚的意愿并不是完全不受限的。另一个实验结果表明，当惩罚违约者的成本变得非常高的时候，惩罚的意愿就会降低。并且要让违约者遵守社会规范，也不总是需要施以惩罚的。政治学家 Elinor Orstrom 和他的同事进行了一系列的实验，实验的情境是一个合作的市场环境（即个体将钱捐赠到公共账户的数额决定了大家的收益，那些不捐赠的个体能从别人的付出里获得收益），每个选手都是匿名参与的。一般说来，在这个实验当中，选手一次能挣得的收益只有当全部人都合作时的25%。然而，如果在实验中途穿插一次点心茶会，给选手们在大家面前抨击违约者的机会（仍然是匿名的），在之后的回合中，选手们的收益能增加到75%。

为了更好地理解为什么强互惠者也想要惩罚那些不付出的人，Fehr 和他的同事决定直接去问原因。得到的答案十分有趣，几乎所有人都是以对不合群成员的憎恨和恼火情绪来解释这种行为的：对这种不道德行为的情绪反应往往十分强烈，以致无法忽视，虽然如果他们稍微控制点自己的脾气就不用付出这么多的损失。而如果要求被试想象自己是一个搭便车的人，然后估计一下其他人会对自己产生多大的愤怒情绪，则在游戏中付出较少的个体预期别人对自己产生的负性情绪的强度高于那些付出较多的个体所预期的强度。

值得注意的是，根据我们先前的讨论，还有一个因素会影响个体在这些游戏中惩罚他人的意愿，即他们对他人意图的觉察。在一个试图辨别不公平意图（对方可能选择一个结果）和不公平结果（结果由掷骰子决定）的测验中，被试通常会在前一种条件下做出更多奖励和惩罚对手的行为。他们看起来似乎是考虑了他人的意图。

我们在前面提到过的，在实验中若惩罚的机会或成本有变化，合作的意愿也会改变得非常迅速。合作和惩罚的突然减少似乎是由于选手之间彼此信任的改变，而不是尝试错误学习的结果。这就表明，控制情绪反应（由与行为有关的成本—收益比造成）的能力是非常重要的，而且也提供了更进一步的证据，证明确实存在能够造成选手情绪反应的微妙心理塑造效应。理解这种微妙的因果推理至少需要三级以上的意向性——"我相信他明白我知道更多的付出代表更少的惩罚"。

所有这些实验证据都表明，道德主义的利他性惩罚的诱因是人们对搭便车的人产生的强烈负性情绪，这种惩罚对于个体来说是一种适应性反应，目的是为了维持合作的进行，而这本身又是一种对于许多人都愿意通过强互惠的方式不求回报地与他人合作的一种回应。

另外一位进化经济学家 Herb Gintis 通过数学模型模拟了这个过程，该模型建立在如下假设之上：第一，人类群体可能面临着始终贯穿于整个进化历史中的灭亡威胁；第二，在这种环境中，拥有较多强互惠者的群体会比拥有较少强互惠者的群体更具有适应性。在这种充满威胁的环境下，强互惠者会不求回报地惩罚违约者，这种行为能够提高所处群体的生存机会。因此从本质上来看，Gintis 的模型与 Sober 和 Wilson 的模型是相似的，他们都认为强互惠者为群体带来了更高的适宜性，而这能弥补由自私的个体为群体内部成员带来的损失。模型同样强调了道德行为（比如这种对反社会行为的惩罚）与我们所认为的不道德或不合乎伦理的行为一样，都是进化的产物。如同 Gintis 模型显示的那样，自私个体和强互惠者是同时存在的，而且我们在 Fehr 的实验里面也的确看到了这种现象。

Gintis 认为，规则的内化是将强互惠确立为人类行为的组成部分的手段，它的形成主要是通过上一代将价值观和文化规范慢慢灌输给下一代。我们在第四章讨论过儿童是如何通过大人的心理塑造行为的，既能意识到其他人是拥有自我信念的、具有思维的个体，也能理解一系列被普遍认同的信念（Searle 的制度事实）是被用来构建一个本不存在的社会世界。规则的内化使人们向集体意向性转变，而内化的方向既有从父母垂直地传给子女，也有通过社会化制度进行的间接传递，比如通过学校和宗教。

Gintis 利用数学模型揭示了如果某些规则的内化能够提高适宜性（比如良好的个人卫生或拥有良好的职业操守），那么促进这种内化能力的基因也会一同进化。如生态位构建理论的观点一样，一个通过文化学习而来的行为可以向自身反馈，还能作用于作为选择之源的基因。Gintis 表示，一旦内化的能力通过基因—文化协同进化的过程建立起来，关于利他的准则也就能被内化（只要它们适宜性的成本不要过于高昂）。因此，即便强互惠降低了那些自私个体的适宜性，这种利他的准则仍可以内化，因为它搭了"规则内化能提高总体适应性"的便车。于是，因为有着更多强互惠者的群体比那些有着较少强互惠者的群体更具有适应能力，就抵消了因采取互惠准则而产生的成本。

社会根植性

这类研究的成果之一强调了社会情境的重要性。人类的决策深植于社会网络之中——施加责任感的关系网络。这种关系有着非常久远的历史，有时可以追溯到好几代人之前。在一项对全世界15个传统社会进行的大规模研究中，可以十分清楚地发现这种社会制度效应的重要性。

"最后通牒博弈"是一个在实验经济学中被广泛使用的测验。在这个博弈游戏中，一个被给予一笔钱的选手必须主动将一部分钱分给第二个选手（通常是匿名的）：后者可以接受这一部分钱（在这种情况下，两名选手可以根据前者所做的分配得到相应数额的钱）或者拒绝（在这种情况下，两名选手谁都得不到钱）。在现代的西方社会里进行这项实验时，分配给别人的金额一般会是最初拿到手的50%左右，这就表明选手所做的分配是对公平预期的回应（虽然从完全经济的角度，他应该分给别人最少的数额）。然而，在传统社会里，分配给别人的金额范围一般在最初到手金额的26%～58%。在这个样本里，有两个变量可以解释这些数据里将近70%的变异：第一，群体的经济生产对合作的需求程度（从合作受到限制的家庭耕作社会到需要大量合作的依靠捕鲸为生的社会）；第二，社会融入（因而依赖于）市场经济的程度。这两个变量与分配的多寡均呈正相关。

在拒绝的模式下，社会制度因素的重要性能够清晰地显露出来。在几乎所有的实验中，当分配金额低得过分时，第二个选手就会拒绝这种分配。一般而言，在西方社会中进行的实验里，分配只有低于原有的30%时才会被拒绝,这表明了选手似乎经常抱有一种想法,即"有总比没有强"。然而在传统社会的样本里,有非常不一样的结果:有些时候,只有在分配低于原有的 16% 时才会被拒绝;而在其他时候,分配必须高于原有的 70% 才会被接受。这似乎反映了特定的社会作风。在把赠礼当作一种光荣的社会里,如果分配的金额太少,就会遭到拒绝(对于接受者来说,这是一种侮辱);而在其他社会里,接受赠礼可以建立起一种互相负责的、未来可以进行互惠的关系,因此如果个体不希望与对方建立这样的一种关系,在对方赠予礼物之后,该个体比较不会回赠同等价值的礼物。

这种人类交往的社会根植性让一些研究者认为,这些通过经济学实验得到的结果只是人类为了在封闭狭小的群体里生活而进化出来的心理。他们认为,我们之所以对陌生人表现得合作,是因为我们的心理还不能适应这种现代的大规模的社会生活。当然,有许多理由可以证明这种观点其实并不合理,特别是人类(以及猴和猿类)能轻易区分熟人和陌生人的这个证据。确实如此,雌狒狒不仅能识别亲属(相对于非亲属来说),还能根据不同的亲属关系随时变化他们应付出的合作程度。如果雌狒狒具有这种细微的反应,有理由相信人类也具有类似的能力,而不仅仅是凭借经验做出自己是否合作的决定。

更重要的是,人类社会网络的规模可能比我们想象得还要大。Daniel Nettle 通过对语言社群的大小进行分析得出(我们在第九章讨论过):当生态稳定性需要更宽广的合作网络时,语言社群(作为合作伙伴的一个标志)就会更庞大。Ernst Fehr 和 Joseph Henrich 提出了一个更加明确的例子,即在非洲南部的狩猎采集社会 Kung San 部落里,存在一种名为 hxaro 的传统习俗[①]。

Hxaro 是一种长期合作的伙伴关系,有助于调控环境带来的风险。在困难时期,比如干旱时,人们会远走他乡,甚至远至 200 公里的地方,去拜访自己的合作伙伴,来"激活"这样一段合作关系,然后在那里待上几个礼拜,

---

① 相隔千里的人们通过互赠礼物的往来与对方建立合作关系。——译者注。

从那里的成员手中分得一点食物和水来维持生活。由于每个个体都有自己不同的 hxaro 伙伴，各式各样的来来往往就意味着很有可能在自己 hxaro 伙伴的营地里碰见其他陌生人。（与一个伙伴互惠的 hxaro 关系并不会延伸至该伙伴群体中的其他成员身上，而且也不会与自己群体成员的 hxaro 伙伴有联系。）Fehr 和 Henrich 计算出，一对 Kung San 夫妇平均共同拥有 48 个 hxaro 关系，这种伙伴关系所覆盖的地域范围超过了 1 万平方公里，可能由此遇见的人会达到 1000 名以上。这完全符合如我们在第七章所看到的，狩猎采集社会中语言群体（或部落）的典型大小（hxaro 关系的确总是在相同部落的成员中建立起来）。在这种情境下，人们与那些不会再见面的人的一次性相遇机会将非常多。或许更重要的是，绝大多数人不会从个人的角度认识对方——从个人层面上，对这些人也不会感到负有责任或者怀有信任。此外，还需要记住的是，hxaro 伙伴最看重的是在这种环境下的名誉：如果你对某人的 hxaro 伙伴不礼貌，或者不帮助他，这个陌生人的部落成员及其 hxaro 伙伴都会来找你的麻烦，因为不那么做会损害他们之间的关系。因此即便在这种一次性的交往中，人们还是需要根植于社会责任和未来交往的网络之中。

从这种约束的侧面我们可以清楚地看到，在这种 hxaro 关系的作用之下的情况正好就是 Sober 和 Wilson 指出的特质群体选择的过程：在许多相互往来的群体之间，个体周期性的离开导致群体的组成不断地改变，并且群体之间不断为资源而竞争。如我们在第二章讨论的，这种过程的结果，尤其是在与生态位构建特质的文化传递相结合的时候，往往明显不同于标准个体单向进化模型得到的结果。强互惠就是这类可以通过这个过程预测的特质。

由于人类社会这种分群—合群的本质，我们可以预料还有其他许多常见的效应。如 Fehr 和 Henrich 指出的，一次性相遇变得十分普遍，这或许有助于人类有效地选择出这样的一种能力：从怀有敌意的人群（怀有抢劫或更坏想法的人）中辨认出善意的人。让我们觉察他人表现出如此行为的信号是非常必要的。前面提到的群体身份资格的徽章就是一种历久弥新的、极易辨认的信号，为我们提供了关于他人可靠性的初步估计。

这或许有助于解释近年来社会心理学对人类行为的某个特征为何有如此大的兴趣，该特征即为群内—群外效应。在当今规模如此庞大的社会里，许多行为都能反映出这个现象，比如种族歧视——对待个体的方式因他们的外表而有所区别。在几乎所有的传统狩猎采集社会之中，个体对自己所处部落的成员和其他所有人均存在这种类似的现象，只不过区别对待的差异没有这么明显。在许多这样的社会之中，通常涉及部落成员的词语最适当的翻译是"人"或"人类"，但涉及其他部落的成员的词从广义上可以认为是"非人"。

这让我们再次回忆起第四章所得到的结论：人类行为的许多方面看起来像是本能的，但并不意味着它们必然是"硬连接"。从某种程度来看，它们之所以看似本能，只是因为它们是人们在很小的时候通过社会学习而获得的。但这种通过学习而来的事实并不意味很容易被忘掉。如同耶稣会人士所认为的：在年幼时期学到的事情非常难以改变，而且在面对外界的变化时，有着很强的抵抗能力。我们的道德感发展得十分完善，不能轻易被改变，而且即便在完全人造的实验条件下也能够发挥作用。如果有一句话能够完美地概括人类，那就是"我们是道德动物"。

小结

人类有着强烈的道德感和公平感。然而，进化心理学家才刚刚开始探索这个人类独有的典型特征，这是由于生物学家和心理学家认为，不应该将生物实质作为获得道德情操的原因（一种被认为是自然主义谬误的观点）。严格说来，这种观点基于一种误解，尽管生物实质的确不该作为决定一件事情是否合乎道德的唯一因素，但它们确实是我们伦理和道德观念的坚实基础。在西方社会和传统社会所进行的经济行为研究的结果表明，人类通常会做出强互惠行为，付出一定的代价来惩罚骗子。如果他们欺骗自己，也会期望他们受到处罚。这种道德行为只会出现在特殊的情境之下，而且会受到相关的成本和收益的影响。然而，人类社会分群—合群的本质以及一次性相遇的机会，都为道德行为在群体选择过程中的形成提供了必要条件，同时在基因—文化选择过程中，为选择出内化规则的能力提供了先决要素。

术语表

表型策略 / phenotypic gambit：科学家使用的一种策略，用以创造和检验关于行为适应性的假说。表型策略允许研究者忽视其他过程的效应，而关注在繁殖结果的问题上。

从众偏差 / conformity bias：在特定的情境下做出与其他人所做的相同或相似行为的倾向。

搭便车的人 / free-rider：一名个体接受社会契约（或者社会生活）中的利益，从他人的慷慨中获得好处，却违背付出成本的承诺。

读心 / mind-reading：理解他人内心的能力（见心理理论）。

多层级选择 / multi-level selection：一个关于利他主义进化的理论，认为选择不仅作用于个体，而且作用于这些个体所处的群体。不要与群体选择混淆。

繁殖价值 / reproductive value：一种计量单位，用以表示在任何特定年龄的个体中，相对于一般个体的贡献来说，对其后代的平均贡献。

互惠利他 / reciprocal altruism：一种解释非亲属个体彼此之间为何会发生利他行为的理论（基于个体隔一段时间仍会轮流地交换有益行为的假设之上）。在每一次交换中，接受者得到的收益必须大于行为发出者的成本。有时也称作以牙还牙。

互利共生 / mutualism：可以同时增加行为发出者和接受者适宜性的行为。

进化适应的环境 / environment of evolutionary adaptedness（EEA）：过往环境的结合物（包括环境压力）塑造了目前可观察到的适应产物。

进化稳定策略 / evolutionary stable strategy（ESS）：一种不能被其他策略成功替换的策略。ESS 的概念就在于，群体内部成员都在使用的策略就是最好的策略。在这样的情境下，策略可以是行为上的（如何做出行为表现的决策规则，比如"总是惩罚那些违反社会契约的人"），也可以是生理构造上的（比如犄角的发育或其他武器装备）。

流言假说／gossip hypothesis：一种关于语言进化的理论，认为语言有助于庞大社会群体的凝聚。该理论建立在对猴和猿的观察上，这些动物用理毛来团结自己的社会群体，因此该理论认为，人类的语言在庞大的群体中已进化为一种修补社会关系的有效手段。

妈妈语／motherese：对婴幼儿的一种本能的、与众不同的说话方式，包含着音调较高的声音、柔软的语调、更易于识别的声调和短而重复的句子。

模因／meme：对应于基因，一个与文化单位有关的术语。

亲社会／prosocial：能够提高社会凝聚力的态度和行为（比如慷慨、宽容等）。

亲缘投资／parental investment：父母对一个后代付出的任何投资都是为了增加这个后代的生存机会。根据这个定义，这种需要花费父母成本的投资同时还参与了父母对其他后代今后的投资能力的考量。

亲缘选择／kin selection：当作用于接受者和亲缘度的利他收益产物大于捐赠者的成本时，有利于利他的选择将会发生在亲属之间。

群体选择／group selection：目前已被推翻的理论，认为进化都是以"一切为了物种（或群体）好"为起因的。在20世纪60年代以前，这个理论被生物学家广泛认同，该理论与达尔文的进化理论有着直接的冲突。达尔文的理论认为，选择是发生在个体层面的（或者严格说来，应是基因层面的）。

社会脑假说／social brain hypothesis：用以解释巨大脑容量（尤其是灵长类的大脑）进化的假说。该假说认为，进化出如此巨大的大脑是处理复杂社会问题的需要。假说还坚称，脑容量并不是为了处理生态问题而进化出来的，而是面对多变的、有时无法预测的社会世界的结果，在这样的社会世界里，个体需要不断地觅食和拆散结盟。

生态位构建理论／niche construction theory（NCT）：该理论认为有机体并不是被环境"盲目地"选择出来的，有时候，有机体还能够调整自身所处的环境，因此有机体能够对自然选择的作用建立起一个反馈循环。

生育能力／fertility：一名个体在一定时期内能够生育出的孩子数量。

适宜性／fitness：一种计量单位，用以表示一名个体对后代的遗传贡献，并且与其他个体的适宜性有关。

适应不良／maladaptive：一个特质、特征或行为，让拥有它或表现它的个体与其他不那么做的个体相比，有着较低的遗传适宜性，它可能导致个体夭折或无法繁殖。

双重继承理论／dual inheritance theory：文化进化的一个模型，将基因和文化要素（模因）看作两种独立的继承形式，并且这两个形式也不一定需要与对方进行交互作用。

脱氧核糖核酸／deoxyribonucleic acid（DNA）：内含遗传信息编码的分子，是基因遗传的基本形式。

心理理论／theory of Mind（ToM）：明白其他个体的想法、感受、愿望和意图，以及对其产生自身看法的能力。心理理论还被认为是欺骗、模仿和共情的先决条件。另见意向性。

新皮层／neocortex：大脑外围的一层薄薄的神经组织。相比于其他哺乳动物，灵长类的新皮层占据了大脑相当大的一部分，人类新皮层甚至占了大脑体积的 80%。

性别间选择／intersexual selection：性选择的一种形式，雌性的挑选可以促使进化对雄性特质的选择，而这些特质都是能够吸引雌性的。

性别内选择／intrasexual selection：性选择的一种形式，通过同性的竞争来接近异性的伴侣。性别内选择可以选择出如下特质：庞大的身形和武器装备（如犬齿）。

性选择／sexual selection：自然选择的一个类别，选择出来的特质可以提高个体的繁殖可能性而不是存活率。性选择可以是性别间选择，也可以是性别内选择。

遗传率／heritability：一个群体中表型变异的总数，是群体中个体基因差异的结果。

意向性 / intentionality：关于信念状态的一个非常复杂的等级量表，由诸如相信、猜测、想象、假设、打算等词语来界定。初级意向性是拥有关于自身信念的能力，次级意向性则是拥有关于他人内心状态的信念，以此类推。次级意向性又等同于心理理论的能力。

印刻 / imprinting：学习或"程序性学习"的一种特殊案例，指的是一个幼崽对其他个体产生依恋的过程，对象通常是该幼崽的母亲。这些发生过印刻的动物一般会与它们产生印刻的个体非常亲近。

韵律 / prosody：说话的旋律特征（比如音色和音调）结合其他语言的成分，有助于表达更深的含义和情绪。

终生繁殖成功 / lifetime reproductive success（LRS）：一名个体产出的存活下来的后代总数，是该名个体对下一代的贡献。

自然选择 / natural selection：达尔文理论中关于进化演变发生过程的内容，建立在变异、遗传和适应这三个法则之上。适应产物是通过自然选择的过程产生的。

自然主义谬误 / naturalistic fallacy：关于"是"不代表着"应该"的原则：一个哲学的争论，指出我们不应该根据一个行为出现过或者是天生的就认为这个行为是"好的"或是"正确的"。

参考文献

一般性资源

Badcock, C. (2000) *Evolutionary Psychology: a critical introduction.* Polity Press: London.

Barrett, L., Dunbar, R.I.M. & Lycett, J.E. (2002) *Human Evolutionary Psychology.* Palgrave-Macmillan: Basingstoke & Princeton University Press: Princeton.

Buss, D.M. (1999) *Evolutionary Psychology: the new science of the mind.* Allyn & Bacon: London.

Cartwright, J. (2000) *Evolution and Human Behaviour.* Macmillan: Basingstoke.

Cronk, L. (1999) *The Whole Complex: culture and the evolution of human behavior.* Westview Press: Boulder.

Dawkins, R. (1976) *The Selfish Gene.* Oxford University Press: Oxford.

Dunbar, R. (2004) *Grooming, Gossip and the Evolution of Language.* 2nd edition. Faber & Faber: London.

Dunbar, R. (2004) *The Human Story.* Faber & Faber: London.

Hrdy, S. (2000) *Mother Nature.* Oxford University Press: Oxford.

Plotkin, H. (1994) *Darwin Machines and the Nature of Knowledge.* Penguin: Harmondsworth.

Plotkin, H. (1997) *Evolution in Mind: an introduction to evolutionary psychology.* Penguin: Harmondsworth.

Plotkin, H. (2003) *The Imagined World Made Real: towards a natural science of culture.* Penguin: Harmondsworth.

Ridley, M. (1993) *The Red Queen: sex and the evolution of human nature.* Viking: London.

Wright, R. (1996) *The Moral Animal: why we are the way we are.* Abacus Books: New York.

第一章 我们为何需要进化

Darwin, C. (1859/1996) *On the Origin of Species.* Oxford University Press: Oxford.

Darwin, C. (1872/1998) *The Expression of the Emotions in Man and Animals.* HarperCollins: London.

Laland, K.N., & Brown, G. (2002) *Sense and Nonsense.* Oxford University Press: Oxford.

第二章 进化为我们做了什么

Foley, R.A. (1987) *Another Unique Species.* Longman: New York.

Klein, R. G. (1999) *The Human Career.* 2nd edition. Chicago University Press: Chicago.

Klein, R.G. & Edgar, B. (2002) *The Dawn of Human Culture.* Wiley: New York.

Laland, K.N., Odling-Smee, J. & Feldman, M. (2000) Niche construction, biological evolution and cultural change. *Behavioral and Brain Sciences* 23:131-175.

Malik, K. (2000) *Man, Beast and Zombie: what science can and cannot tell us about human nature.* Weidenfeld & Nicolson: London.

Mameli, M. (2001) Mindreading, mindshaping and evolution. *Biology and Philosophy* 16: 597-628.

Plotkin, H.C. & Odling-Smee, J. (1981) A multi-level model of evolution and its implications for sociobiology. *Behavioral and Brain Sciences* 4: 225-268.

Sober, E. & Wilson, D.S. (1998) *Unto Others: evolution and psychology of unselfish behavior.* Harvard University Press: Cambridge.

Sterelny, K. (2003) *Thought in a Hostile World: the evolution of human cognition.* Blackwells: Oxford.

第三章 基因、发展和本能

Beauchamp, G.K., Katahira, K., Yamazaki, K., Mennella, J.A., Bard, J. & Boyse, E.A. (1995) Evidence suggesting that the odour types of pregnant women are a compound of maternal and fetal odour types. *Proceedings of the National Academy of Sciences, USA,* 92:2617-2621.

Eliot, L. (1999) *What's Going on in There? how the brain and mind develop in the first five years of life.* Allen Lane: London.

Fernald, A. (1992) Human maternal vocalisations to infants as biologically relevant signals: an evolutionary perspective. In: J.H. Barkow, L. Cosmides, J. Tooby (eds) *The Adapted Mind,* pp. 391-428. Oxford University Press: Oxford.

Gottleib, G. (1971) *Development of Species Identification in Birds.* University of Chicago Press: Chicago.

Hepper, P.G. (1988) Foetal 'soap' addiction. *The Lancet* (June 11), pp. 1347-1348.

Kaitz, M. et al. (1987) Mothers' recognition of their new-borns by olfactory cues. *Developmental Psychology* 20: 587-591.

Monnot, M. (1999) The adaptive function of infant directed speech. *Human Nature* 10: 415-443.

Oyama, S. (1985) *The Ontogeny of Information.* MIT Press: Cambridge.

Ridley, M. (2003) *Nature via Nurture: Genes, experience and what makes us human.* Fourth Estate: London.

第四章　我们是如何成为人类的

Barton, R.A. (1998) Visual specialization and brain evolution in primates. *Proceedings of the Royal Society, London,* 265B: 1933-1937.

Astington, J.W. (1993) *The Child's Discovery of the Mind.* Cambridge University Press: Cambridge.

Baron-Cohen, S. (1995) *Mindblindness: an essay on autism and Theory of Mind.* MIT Press: Cambridge.

Mitchell, P. (1997) *Introduction to Theory of Mind.* Arnold: London.

Perrett, D.I. and Emery, N.J. (1994) Understanding the intentions of others from visual signals: neurophysiological evidence. *Current Psychology of Cognition* 13:683-694.

Tomasello, M. (2001) *The Cultural Origins of Human Cognition.* Harvard University Press: Cambridge.

第五章　配偶选择

Barber, N. (1995) The evolutionary psychology of physical attractiveness: sexual selection and human morphology. *Ethology and Sociobiology* 16:395-424.

Cashdan, E. (1996) Women's mating strategies. *Evolutionary Anthropology* 5:134-143.

Cornwell, R.E., Boothroyd, L., Burt, M.B., Feinberg, D.R., Jones, B.C., Little, A.C., Pitman, R., Whiten, S. & Perrett, D.I. (2004) Concordant preferences for oppositesex signals? Human pheromones and facial characteristics. *Proceedings of the Royal Society, London,* 271B: 635-640.

Gangestad, S.W. & Thornhill, R. (1994) Facial attractiveness, developmental stability and fluctuating asymmetry. *Ethology and Sociobiology* 15: 73-85.

Grammer, K. (1989) Human courtship behaviour: biological basis and cognitive processing. In: A. Rasa, C. Vogel & E. Voland (eds) *The Sociobiology of Sexual and Reproductive Strategies,* pp. 147-169. Chapman & Hall: London.

Manning, J.T. (2002) *Digit Ratio: a pointer to fertility, behavior and health.* Rutgers University Press: Newark.

Milinski, M. & Wedekind, C. (2001) Evidence for MHC-correlated perfume preferences in humans. *Behavioural Ecology* 12:140-149.

Nettle, D. (2002) Height and reproductive success in a cohort of British men. *Human Nature* 13:473-491.

Nettle, D. (2002) Women's height, reproductive success and the evolution of sexual dimorphism in modern humans. *Proceedings of the Royal Society, London,* 269B: 1919-1923.

Pawlowski, B. (2003) Variable preferences for sexual dimorphism in height as a strategy for increasing the pool of potential partners in humans. *Proceedings of the Royal Society, London,* 270B: 709-712.

Pawlowski, B. & Dunbar, R.I.M. (1999) Impact of market value on human mate choice decisions. *Proceedings of the Royal Society, London,* 266B: 281-285.

Pawlowski, B. Dunbar, R.I.M. & Lipowicz, A. (2000) Tall men have more reproductive success. *Nature* 403:156.

Penton-Voak, I. & Perrett, D.I. (2001) Male facial attractiveness: perceived personality and shifting female preferences for male traits across the menstrual cycle. *Advances in the Study of Behaviour* 30: 219-259.

Penton-Voak, I., Perrett, D.I., Castles, D.L., Kobayashi, T., Burt, D.M., Murray, L.K. & Minamisawa, R. (1999) Menstrual cycle alters face preferences. *Nature* 399: 741-742.

Singh, D. (1993) Adaptive significance of female physical attractiveness: role of waist-to-hip ratio. *Journal of Personality and Social Psychology* 65: 293-307.

Singh, D. (1994) Is thin really beautiful and good? Relationship between WHR and female attractiveness. *Personality and Individual Differences* 16:123-132.

Voland, E. & Engel, C. (1990) Female choice in humans: a conditional mate selection strategy of the Krummhörn women (Germany, 1720-1874). *Ethology* 84:144-154.

Wedekind, C. & Furi, S. (1997) Body odour preferences in men and women: do they aim for specific MHC combinations or simply heterozygosity? *Proceedings of the Royal Society, London,* 264B:1471-1479.

第六章　为人父母的抉择

Bereczkei, T. & Dunbar, R.I.M. (1997) Female-biased reproductive strategies in a Hungarian Gypsy population. *Proceedings of the Royal Society, London,* 264B: 17-22.

Boone, J.L. (1988) Parental investment, social subordination and population processes among the 15th and 16th Century Portuguese nobility. In: L. Betzig, M. Borgerhoff-Mulder and P. Turke (eds) *Human Reproductive Behaviour: a Darwinian perspective,* pp. 83-96. Cambridge University Press: Cambridge.

Cronk, L. (1989) Low socio-economic status and female-biased parental investment: the Mukogodo example. *American Anthropologist* 91:414-429.

Crook, J.H. & Crook, S.J. (1988) Tibetan polyandry: problems of adaptation and fitness. In: Betzig et al. *Human Reproductive Behaviour,* pp. 97-114.

Daly, M. & Wilson, M. (1988) *Homicide.* Aldine de Gruyter: New York.

Dickemann, M. (1979) Female infanticide, reproductive strategies, and social stratification. A preliminary model. In: N.A. Chagnon & W. Irons (eds) *Evolutionary Biology and Human Social Behaviour: an anthropological perspective,* (pp. 321-368) Duxbury Press: North Scituate.

Emlen, S.J. (1995) An evolutionary theory of the family. *Proceedings of the National Academy of Sciences, USA,* 92:8092-8099.

Kertzer, D.I. (1993) *Sacrificed for Honor: Italian infant abandonment and the politics of reproductive control.* Beacon Press: Boston.

Lycett, J.E. & Dunbar, R.I.M. (1999) Abortion rates reflect optimisation of parental investment strategies. *Proceedings of the Royal Society, London,* 267B: 31-35.

Salmon, C.A. & Daly, M. (1998) Birth order and familial sentiment: middle-borns are different. *Evolution and Human Behavior* 19: 299-312.

Sulloway, F. (1996) *Born to Rebel* Pantheon: New York.

Trivers, R.L. & Willard, D. (1973) Natural selection of parental ability to vary the sex ratio. *Science* 79: 90-92.

第七章 频繁的社交活动

Allman, J.M., Hakeem, A., Erwin, J.M., Nimchinsky, E. & Hof, P. (2001) The anterior cingulate cortex: the evolution of an interface between cognition and emotion. *Annals of the New York Academy of Sciences* 935:107-117.

Barrett, L., Henzi, S.P. & Dunbar, R.I.M. (2003) From 'what now?' to 'what if?': *Trends in Cognitive Sciences* 7:494-497.

Byrne, R. & Whiten, A. (eds) (1988) *Machiavellian Intelligence.* Oxford University Press: Oxford.

Cosmides, L. (1989) The logic of social exchange: has natural selection shaped how humans reason? Studies with the Wason Selection Task. *Cognition* 31:187-276.

Deacon, T. (1997) *The Symbolic Species: The Coevolution of Language and the Human Brain.* Allen Lane: Harmondsworth.

Dunbar, R.I.M. (1993) The co-evolution of neocortical size, group size and language in humans. *Behavioral and Brain Sciences* 16:681-735.

Dunbar, R.I.M. & Spoors, M. (1995) Social networks, support cliques, and kinship. *Human Nature* 6:273-290.

Enquist, M. & Leimar, O. (1993) The evolution of co-operation in mobile organisms. *Animal Behaviour* 45: 747-757.

Hill, R.A. & Dunbar, R.I.M. (2003) Social network size in humans. *Human Nature* 14: 53-72.

Killworth, P.D., Bernard, H.P. & McCarty, C. (1984) Measuring patterns of acquaintance-ship. *Current Anthropology* 25: 385-397.

Skoyles, J.R. and Sagan, D. (2002) *Up from Dragons: the evolution of human intelligence.* McGraw-Hill: Columbus.

Stiller, J. & Dunbar, R.I.M. (submitted). Perspective-taking and social network size in humans.

第八章 语言和文化

Aunger, R. (ed) (2001) *Darwinizing Culture: The Status of memetics as a science.* Oxford University Press: Oxford.

Cavalli-Sforza, L., Feldman, M. W., Chen, K.H. & Dornbush, S.M. (1982) Theory and observation in cultural transmission. *Science* 218:19-27.

Dunbar, R.I.M. (1993) The coevolution of neocortical size, group size and language in humans. *Behavioral Brain Sciences* 16:681-735.

Dunbar, R.I.M. (2003) The social brain: mind, language and society in evolutionary perspective. *Annual Review of Anthropology* 32:163-181.

Kinderman, P., Dunbar, R.I.M. & Bentall, R.P. (1998) Theory-of-Mind deficits and causal attributions. *British Journal of Psychology* 89:191-204.

MacLarnon, A. and Hewitt, G. (1999) The evolution of human speech: the role of enhanced breathing control. *American Journal of Physical Anthropology* 109: 341-363.

Miller, G. (2000) *The Mating Mind.* London: Heinemann.

Mundinger, P.C. (1980) Animal culture and a general theory of cultural evolution. *Ethology and Sociobiology* 1:183-223.

Searle, J. (1995) *The Construction of Social Reality.* Penguin, London.

Shennan, S. (2002) *Genes, Memes and Human History: Darwinian archaeology and cultural evolution.* Thames & Hudson: London.

Whiten, A., Goodall, J., McGrew, W.C., Nishida, T., Reynolds, V., Sugiyama, Y., Tutin, C.E.G., Wrangham, R.W. & Boesch, C. (1999) Cultures in chimpanzees. *Nature* 399: 682-685.

第九章 人类的独特性

Boyd, R. & Richerson, P.J. (1985) *Culture and the Evolutionary Process.* Chicago University Press: Chicago.

Brown, P.J. (1986) Cultural and genetic adaptations to malaria: problems of comparison. *Human Ecology* 14: 311-332.

Cavalli-Sforza, L.L. & Feldman, M. (1981) *Cultural Transmission and Evolution: a quantitative approach.* Princeton University Press: Princeton.

Crook, J.H. & Crook, S.J. (1988) Tibetan polyandry: problems of adaptation and fitness. In: Betzig et al. *Human Reproductive Behaviour,* pp. 97-114.

Darley, J. & Latane, B. (1968) Group inhibition of bystander intervention in emergencies. *Journal of Personality and Social Psychology* 10:215-221.

Durham, W.H. (1991) *Coevolution: genes, culture and human diversity.* Stanford University Press: Stanford.

Hinde, R.A. and Barden, L.A. (1985) The evolution of the teddy bear. *Animal Behaviour* 33:1371-1373.

Henrich, J. (2001) Cultural transmission and the diffusion of innovations: adoption dynamics indicate that biased cultural transmission is the predominant force in behavioural change. *American Anthropologist* 103:992-1013.

Henrich, J. & McElreath, R. (2003) The evolution of cultural evolution. *Evolutionary Anthropology* 12:123-135.

Lumsden, C.J. & Wilson, E.O. (1981) *Genes, Mind and Culture.* Harvard University Press: Cambridge.

McGovern, T. H. (1981) The economics of extinction in Norse Greenland. In: T.M.L. Wrigley, M.J. Ingram & C. Framer (eds) *Climate and History,* pp. 404-433. Cambridge University Press: Cambridge.

第十章　虚拟世界

d'Aquili, E. & Newberg, A. (1999) *The Mystical Mind: probing the biology of religion.* Fortress Press: Minneapolis.

Atran, S. (2002) *In Gods We Trust.* Oxford University Press: Oxford.

Beit-Hallahmi, B. &Argyle, M. (1997) *The Psychology of Religious Behaviour, Belief and Experience.* Routledge: London.

Boyer, P. (2001) *Religion Explained: the human instincts that fashion gods, spirits and ancestors.* Weidenfeld & Nicholson: London.

Boysen, S.T., & Berntson, G.G. (1995) Responses to quantity: perceptual versus cognitive mechanisms in chimpanzees *(Pan troglodytes). Journal of Experimental Psychology: Animal Behavior and Processes* 21: 82-86.

Carroll, J. (1998) Literary study and evolutionary theory: a review essay. *Human Nature* 6:119-134.

Dunbar, R.I.M. (2003) The social brain: mind, language and society in evolutionary perspective. *Annual Review of Anthropology* 32:163-181.

Dunbar, R.I.M, Clark, A. & Hurst, N.L. (1995) Conflict and co-operation among the Vikings: contingent behavioural decisions. *Ethology & Sociobiology* 16: 233-246.

Hamilton, M. (2002) *Sociology of Religion.* 2nd edition. Routledge: London.

Hinde, R.A. (2000) *Why Gods Persist.* Routledge: London.

Jaynes, J. (1982) *Origin of Consciousness in the Breakdown of the Bicameral Mind.* Houghton Mifflin: New York.

Koenig, H.G. & Cohen, H.J. (eds) (2002) *The Link Between Religion and Health: psychoneuroimmunology and the faith factor.* Oxford University Press: Oxford.

Lewis-Williams, D. (2002) *The Mind in the Cave*. Thames & Hudson: London.

Newberg, A., d'Aquili, E. & Rause, V. (2001) *Why God Won't Go Away*. Ballantine Books: New York.

O'Connell, S. & Dunbar, R.I.M. (2003) A test for comprehension of false belief in chimpanzees. *Evolution and Cognition* 9:131-139.

Rouget, G. (1985) *Music and Trance: a theory of the relations between music and possession*. University of Chicago Press: Chicago.

Sosis, R. & Alcorta, C. (2003) Signalling, solidarity, and the sacred: evolution of religious behaviour. *Evolutionary Anthropology* 12: 264-274.

Stiller, J., Nettle, D. & Dunbar, R.I.M. (2004) The small world of Shakespeare's plays. *Human Nature* 14: 397-408.

Thiessen, D. & Umezawa, Y. (1998) The sociobiology of everyday life: a new look at a very old novel. *Human Nature* 9: 293-320.

Whissell, C. (1996) Mate selection in popular women's fiction. *Human Nature* 7:427-448.

Whitehouse, H. (2000) *Arguments and Icons: divergent modes of religiosity*. Oxford University Press: Oxford.

第十一章 道德科学

Barrett, L. & Henzi, S.P. (2002) Constraints of relationship formation among female primates. *Behaviour* 139:263-289.

Barrett, L., Gaynor, D. & Henzi, S.P. (2002) A dynamic interaction between aggression and grooming among female chacma baboons. *Animal Behaviour* 63:1047-1053.

Boyd, R. & Richerson, P. (1992) Punishment allows the evolution of co-operation (or anything else) in sizeable groups. *Ethology and Sociobiology* 113:171-195.

Clutton-Brock, T.H. & Parker, G.A. (1995) Punishment in animal societies. *Nature* 373: 58-60.

Fehr, E. & Fishbacher, U. (2003) The nature of human altruism. *Nature* 425: 785-791.

Fehr, E. & Gächter, S. (2002) Altruistic punishment in humans. *Nature* 415: 137-140.

Fehr, E. & Henrich, J. (2003) Is strong reciprocity a maladaptation? In: P. Hammerstein (ed.) *The Genetic and Cultural Evolution of Cooperation*. MIT Press: Cambridge.

Fehr, E. & Rockenbach, B. (2003) Detrimental effects of sanctions on human altruism. *Nature* 422:137-140.

Fehr, E., Fishbacher, U. & Gachter, S. (2002) Strong reciprocity, human cooperation and the enforcement of social norms. *Human Nature* 13:1-25.

Gintis, H., Bowles, S., Boyd, R. & Fehr, E. (2003) Explaining altruistic behaviour in humans. *Evolution and Human Behavior* 24:153-172.

Gintis, H. (2003) The hitchhikers guide to altruism: genes, culture and the internalization of norms. *Journal of Theoretical Biology* 220:407-418.

Gintis, H. (in press) Solving the puzzle of prosociality. *Rationality and Society.*

Henzi, S.P., Barrett, L., Gaynor, D., Greef, J., Weingrill, T. & Hill, R.A. (2003) The effect of resource competition on the long-term allocation of grooming by female baboons: evaluating the priority of access model. *Animal Behaviour* 66:931-938.

Milinski, M., Semman, D. & Krambeck, H.J. (2002) Reputation helps solve the 'tragedy of the commons'. *Nature* 415:424-426.

Mealey, L., Daood, C. & Kruge, M. (1996) Enhanced memory for faces of cheaters. *Ethology and Sociobiology* 17:120-127.

Nettle, D. (1999) *Linguistic Diversity.* Oxford University Press: Oxford.

Nettle, D. & Dunbar, R.I.M. (1997) Social markers and the evolution of reciprocal exchange. *Current Anthropology* 38:93-98.

Orstrom, E., Gardner, R. & Walker, J. (1994) *Rules, Games and Common Pool Resources.* University of Michigan Press: Ann Arbor.

Sober, E. & Wilson, D.S. (1998) *Unto Others: evolution and psychology of unselfish behavior.* Harvard University Press: Cambridge.

Wilson, D.S., Dietrich, E. & Clark, A.B. (2003) On the inappropriate use of the naturalistic fallacy in evolutionary psychology. *Biology and Philosophy* 18:669-682.

Wilson, D.S., Wilczynski, C., Wells, A. & Weiser, L. (2000) Gossip and other aspects of language as group-level adaptations. In: C. Heyes & L. Huber (eds) *The Evolution of Cognition,* pp. 347-365. MIT Press: Cambridge.